観光産業の
グレート・リセット

成長をどうデザインするか

野田健太郎・熊田順一［編著］
Noda Kentaro　Kumada Junichi

The Great Reset of
the Tourism Industry

中央経済社

観光産業のグレート・リセット―成長をどうデザインするか

　今般の新型コロナウイルス感染症による影響を受けた各企業をはじめ，多くの皆様のさまざまなご苦労をお察し申し上げます。

　このたび立教大学観光学部とJTB総合研究所では，企業のSDGs（Sustainable Development Goals：持続可能な開発目標）に関する取組み状況を調査した。本書はその成果をベースに観光産業の成長へ向けての処方箋をまとめたものである。

　2015年9月に世界150を超える参加国により，SDGsが採択され，企業は環境問題をはじめ，福祉，人権など幅広い社会的なニーズに対応することが求められている。そうした状況の中，日本経済にとって非常に重要性が増している観光産業は，運輸業，宿泊業，旅行業といった狭義の観光産業のみならず，近時は非常に幅広い分野に広がりを見せている。その流れをより確実で質の高いものにするためには，持続可能な観光を進めることが前提となり，その中心的な役割を果たす企業自身のSDGsを推進することが不可欠である。本書では，狭義の観光産業はもちろんのこと，観光がビジネスにつながる幅広い産業（卸売・小売，情報通信，サービス，不動産，製造業など）に属する企業について，SDGsに関する分析を行っている。

　近時の世界的状況を考慮した場合，SDGsは社会的リスクのみならず，温暖化などの長期的なリスク，自然災害やパンデミックなどのカタストロフィーリスクなども考慮しなければならない。そのため，本書においてはSDGsの切り口を通じて，企業が社会的リスク，長期的リスク，カタストロフィーリスクへの対応を進める上での課題を探っている。

　観光産業は新型コロナウイルス感染症の影響を最も大きく受けた産業の1つであり，この苦境を乗り切る対策が求められている。一方で，インバウンドや国際交流の増加など，観光産業の潜在性は多くの人に認識されている。しかし，現在の苦境を脱し，どう成長軌道に乗せるのか。今までにも大きな可能性やいくつかの成功事例の紹介はあるものの，これをどのように体系的に達成するかについて示すことはできていない。今回，観光に関わるビジネスを行う多種多

様な企業を分析することで，幅広い意味での観光産業の真の状況を示し，その課題と，実践に向けての処方箋を提案する。本書が，広義の観光産業に属する関係者，行政関係者，学生など教育関係者に参考となる情報を提供できることを願っている。

　出版にあたっては，本書の出発点となったアンケート調査にご協力いただいた内閣府，観光庁，UNWTO駐日事務所（国連世界観光機関），日本経済団体連合会，日本政府観光局，東京観光財団並びに関係者の皆様に感謝申し上げる。
　最後に本書が完成するまでに，立教大学，JTB総合研究所をはじめ，多くの方々にご指導・ご支援をいただいた。また，本書の編集・刊行に際しては，中央経済社の田邉一正氏にご尽力いただき感謝申し上げたい。

　2022年10月

野田　健太郎

目　　次

第Ⅱ部 観光を取り巻く3つの課題

第Ⅲ部　成長への3つの処方箋

IV

3 次の段階としてビルド・バック・ベター 170

第8章 イベントリスクの認識とビジネスデザイン 172
1 新型コロナウイルス感染症，自然災害などイベントリスクへの認識を 172
2 感覚ではなく，もっと数字で事業を把握しよう 174
3 SDGs，BCPの効果分析 177
4 地域にこだわって主導権を取り戻そう 183

*

終 章 持続可能な社会に貢献する観光へ──今後の戦略と展望 187
1 非日常での学びを日常のライフスタイルの変革へ 187
2 相互尊重に基づいた持続的な対話の創出 188
3 今後の展望 サステナブル・ツーリズムの実践に向けて 190
4 サステナブル・ツーリズムが目指すもの 195

索 引 197

序 章　　今，観光産業に何が必要なのか？

1　SDGsの方向性

　近年，企業を取り巻く環境は大きく変化しているが，最も大きな変化は社会的課題に対応することへの強い要請である。従来，企業は収益を上げて株主への還元を進めるという考えが当然であったが，次第に幅広いステークホルダーへの配慮が重要であるという考えに変わってきている。企業の社会的責任（CSR）や環境，社会，ガバナンス（ESG）の概念が広まり，企業の意識にも変化が現れ始めた。経済同友会のアンケートを見ると，2000年代の半ばに，CSRを「経営の中核」と考える割合が，「支払うべきコスト」と考える割合を逆転している（**図表序－1**）。その後も企業はCSRの重要性は認めつつも，表面的な動きにとどまっていた。しかしながら，環境・社会・ガバナンス（ESG）の概念の広がりとともに投資スタイルにも変化が現れ，ESGを投資の判断材料に取り入れたいわゆるESG投資が投資スタイルの主流になりつつある。こうなると企業は情報開示やステークホルダーとの対話を進めることが必要となり，そのためにESGに関連する行動を起こす必要に迫られた。加えて持続可能な開発目標（SDGs）というグローバルに幅広い社会的課題を考慮する概念が登場したことにより，いっそうの対応が求められることになった（SDGsの状況については第1章参照）。SDGsは比較的平易に世界の目指すゴールを説明することで，グローバルにも理解しやすいものとして受け入れられている。多くの企業が社会環境報告書や統合報告書などの開示書類にSDGsに関する記述を進めている。さらに新型コロナウイルスの感染拡大によって多くの企業が苦境を経験し，存続のために自分たちの持つ本質的な価値は何かを考える必要が出てきた。その

2

際にSDGs，社会とのつながりを考えることが最も重要な要素になった。こうした流れを見てくるとSDGsは概念的なものから本質的なものへと変化しつつある。しかしながら，日本企業の多くはまだ十分な対応ができていない。一方でグローバルな視点からの社会的リスクへの対応，新型コロナウイルスの感染拡大などカタストロフィーリスクへの対応，国際競争力の強化は待った無しの状況にあることから，日本企業の現状を把握し，次につながる方策を一刻も早く提示する必要がある。

図表序－1　CSRの認識の変化

経営の中核と考える企業の割合

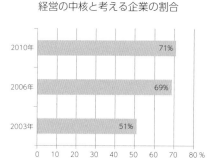

支払うべきコストと考える企業の割合

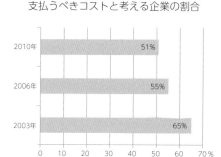

（出所）経済同友会（2010）12頁より作成

　企業のSDGsへの対応状況は，投資家だけでなく，取引先，従業員，地域コミュニティをはじめさまざまなステークホルダーにとっても関心が高く，こうした分野への取組みが遅れた場合，企業として大きなリスクを抱える可能性がある。そのため企業は十分に意識していない潜在的なリスクを洗い出す必要がある。一方で，SDGsの分野は新たなビジネスチャンスとしての側面も持っている。新型コロナウイルスの感染拡大に伴い多くの企業が自社の社会的な価値を見直す中で，SDGsは企業が今後の新たなビジネスモデルを探索するために効果的な道筋を提供することができる。

　以上の2つの面を意識しつつ，まずSDGsに関してすべての業界の状況を俯瞰し，続いてSDGsに関して観光業界に期待されている内容を掘り下げていく。そして期待が達成されていない要因を示す。

2　SDGsの現状と具体的な取組み内容

　立教大学とJTB総合研究所が実施した調査（立教大学・JTB総合研究所 2021）によれば，SDGsへの対応をすでに行っている企業の比率は15.1%，対応を検討している企業は12.9%にとどまっており，残りの7割強の企業は対応を行っていない状況にある。SDGsに関する認知については，経営陣は8割弱が認知しているが，従業員への浸透は32.3%にとどまっている。SDGsという目標が社内で共有されていない状況では，表面的な掛け声だけに終わる可能性があり，従業員など社内への浸透は大きな課題である。

　SDGsの取組みの効果については，SDGsに取り組んでいる企業では，「従業員の意識の向上（69.8%）」「ブランド力の向上（60.0%）」「企業として経営方針が明確化（47.2%）」「認知度の向上（40.4%）」が高く，一方で「取引先の増加（16.2%）」，「収益の増加（12.3%）」，「売上の増加（11.9%）」といった直接的な経済的効果の認識は低い（詳細は図表2－6参照）。現状ではSDGsを企業イメージの向上として捉えているものの，企業価値，収益といったところまではたどり着いていないと解釈できる。

　SDGsの取組みを評価し，推進していくには，各分野で具体的な取組みがどこまで進展しているかを確認し，それをベースとして評価軸を作成していく必要がある。あまりに過大な目標は企業の方向性を見失わせる可能性がある。一方で容易な目標では推進へのツールとはならない。立教大学・JTB総合研究所（2021）では，「地域との連携や地域貢献」，「働きがい・人権・人材育成に関する取組み」，「調達と温暖化に関する取組み」の3点について具体的な取組みの内容を調査している。

　地域との連携や地域貢献については，「活動している地域で，地域社会の取組みを支援している（68.9%）」，「運営・活動において，地域住民への雇用機会の提供を目指している（48.5%）」，「サービス提供や製品を選ぶ際に，地域社会との関わりのあるものを優先している（46.4%）」といった取組みが進展している。一方で，「地域の起業家との間で行われる共同事業や連携について実施ないし検討が行われている（15.3%）」，「関与している地域のサービス提供者に，サステナビリティ（持続可能性）について助言や支援を行っている（12.3%）」

では，実施していると回答した企業の割合は低い結果となった。ビジネス上の具体的な連携や持続可能性への助言・支援までには取組みが進展していない。

　働きがい・人権・人材育成に関する取組みでは，「従業員の研修記録が保管されており，受けた研修のレベルと頻度が把握されている（48.5%）」と「従業員の内部通報の仕組みが整っている（47.2%）」が，SDGsに取り組む企業の半数弱で実施されている。「在宅勤務がある（39.1%）」や「フレックスタイム制度がある（33.6%）」についても，新型コロナウイルス感染症への対応を反映して上記の2つに次いで多い。一方で「LGBTQ+（性的マイノリティ）に関係する取組みがある（11.1%）」，「人権デューデリジェンスの考え方を取り込んでいる（8.5%）」については，まだ取組みは進展していない。

　調達と温暖化に関する取組みについては，SDGsに取り組んでいる企業の半数弱が「グリーン購入の方針がある（46.8%）」や，「地元の産品を購入する方針を持っている（46.4%）」を掲げている。一方で「温室効果ガスの総排出量が開示されている（14.5%）」や「温室効果ガスの総排出量の削減目標が定められている（17.9%）」，「温室効果ガスに関する中期・長期の計画がある（14.9%）」はいずれも2割に達していない。環境問題に関して開示や目標設定への取組みは今後の課題である。今後，こうした指標の達成度合いを検討した上で企業のSDGs推進に向けての評価指標を作成していく必要がある。

3　状況が改善されない理由

　SDGsが進展しない理由を，（1）競争力に活かす認識の不足，（2）ステークホルダーとの関係性に気づくことの難しさ（長期的視点，ガバナンス，情報開示），（3）リスク耐性（レジリエンス）の3つの視点から見ることができる。

（1）競争力に活かす認識の不足

　SDGsを企業の競争力に活かそうという認識はまだ少ない。しかしながら今回のアンケートの中で競争力の源泉について聞いた質問では，SDGsの認識と「オンリーワンのブランド力」，「特徴のある製品・サービスの内容」との間には相関性がある結果となった。こうした認識が企業の中で理解されれば，企業が積極的にSDGsを推進していく原動力になるものと思われる。

　SDGsに取り組む上での課題としては，「定量的な測定が難しい」を回答とした企業が56.6%と最多で，次いで「社内の認識が低い」が37.4%，「必要な人材が不足している」が37.0%と続いている。一方で新型コロナウイルス感染症の影響については11.9%にとどまる。SDGsの目標は社会的リスクへの対応など幅広い分野に及び，定量的な測定が容易でないことがわかる。社会環境報告書や統合報告書を企業が作成する際にも，財務数値のような定量目標は立てやすいが，非財務の目標を立てることに各企業は苦戦しており，SDGsの分野でそれが顕著に現れると考えられる。

　観光産業（旅行業，宿泊業）について見ると，取り組む上での課題として「必要な人材が不足している（観光産業38.5%，全体37.0%）」「運用する時間的な余裕がない（観光産業35.9%，全体26.0%）」「必要な予算が確保できない（観光産業35.9%，全体21.3%）」が全業種より高くなった。SDGsに取り組むためのリソースを十分に確保できないことが課題となっている。

（2）ステークホルダーとの関係性に気づくことの難しさ

　ステークホルダーとの関係性に気づくことの難しさについては，SDGsに関する取組みの開示について，35.7%の企業は開示を実施していないという結果に現れている。理由としては，取組みが進んでいないため開示を行うことに自信が持てないケースや，開示までの体制が整っていないことがあげられる。たとえば，SDGsの担当セクションと広報のセクションが連携できていないことなどが考えられる。

　SDGsの17ゴールすべてにおいて，半数以上の企業が推進するための目標を設定していない。**図表序−2**は全17のゴールに対して目標設定数の分布を表している。定性と定量の目標，定量の目標，定性の目標のいずれかを設定しているゴールの数を合計している。各ゴールに対して目標を1つも設定していない企業が132社存在している。設定している企業では1〜5までの設定数が多く，半数程度（8〜9）の設定を行っている企業，そしてすべてのゴールに目標を設定している企業数が多い結果となった。自社の内容に合わせて目標を絞り込んでいる企業，重要性を勘案して半数程度をあげている企業，すべてに設定している企業のグループに大まかに分類された。観光産業では半数以上の24社が1つの目標も設定していない。

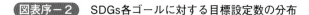

図表序－2　SDGs各ゴールに対する目標設定数の分布

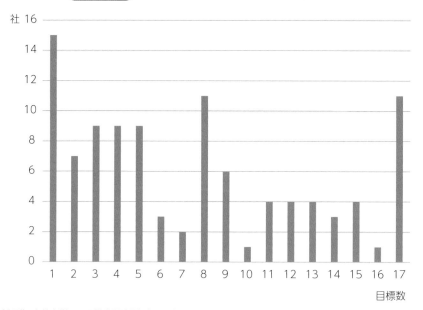

(出所) 立教大学・JTB総合研究所（2021）より作成

　目標期間についても40.4％の企業が設定をしていない。さらにSDGsの取組み
は環境や社会性など長期的な取組みが必要となるが，10年超の目標を設定して
いる企業は18.3％にとどまっている。目標設定が十分でなく，長期的な視点が
不足していることが推進に向けての課題といえる。

　また，近時，環境や社会的課題を考慮した投資スタイルであるESG投資が急
速に増加している。こうしたESG投資の増加はSDGsへの取組みにも影響を与
えていることが考えられる。「ここ数年のESG投資の増加に伴って，SDGsに関
する取組みに変化はありましたか」という質問では，全体として19.1％の企業
があると回答しているが，従業員1,000人以上の企業に絞った場合は42.4％にの
ぼった。ESG投資の対象となる企業は大企業が中心であることから，こうした
大企業ではESG投資の拡大に伴い，企業内の体制の整備や取組みを進展させて
いると思われる。以上の結果からは，一部の企業を除き，ステークホルダーと
の関係の構築がまだ十分にできていない状況が見える。

　観光産業について見ると，SDGsの目標を設定していない企業が，旅行業で

42.3%と全産業の平均40%を超えているが，宿泊業では23.1%にとどまっている。ステークホルダーとの長期的な関係性を築くという点で課題が残る結果となった。

（3）リスク耐性（レジリエンス）

SDGsを実践していくためには，企業は災害，パンデミックなどの事態が起こった際にもビジネスを継続するための対応策を講じておく必要がある。近時，リスクへの耐性を持つ考え方としてレジリエンスという考えが広がっている。レジリエンスは地震の際に耐震化を図るようなハード面の対策だけでなく，避難計画のようなソフト的な内容，さらには企業が持っている事業内容の変更，撤退なども含めた幅広い選択肢を検討する内容を持っている。その中核となるものが事業継続計画（Business Continuity Plan：BCP）である。

図表序－3は世界経済フォーラムが出しているグローバルリスクの変遷を示したものである。この10年余りを比較すると，リスク分野が経済的な分野だけでなく自然災害をはじめ幅広い分野に及んでいる。そうした観点から幅広いリスクにも柔軟に備えることが大切となる。

図表序－3　グローバルリスクの変遷

	順位	2012年	2021年
発生の可能性が高いグローバルリスク	1	所得格差	異常気象
	2	財政不均衡	気候変動への適応（あるいは対応）の失敗
	3	温室効果ガス排出量の増大	人為的な環境災害
	4	サイバー攻撃	感染症
	5	水危機	生物多様性の喪失
影響が大きいグローバルリスク	1	金融破綻	感染症
	2	水危機	気候変動への適応（あるいは対応）の失敗
	3	食料危機	大量破壊兵器
	4	財政不均衡	生物多様性の喪失
	5	エネルギー価格の急激な変動	天然資源危機

（出所）世界経済フォーラム（2021）「グローバルリスク報告書2021年版」（マーシュジャパン／マーシュブローカージャパンによる翻訳

4　観光産業の本当の状況

立教大学・JTB総合研究所（2021）によってわかった観光産業の状況を見てみよう。

- 厳しい状況として以下の3点があげられる。
① 新型コロナウイルス感染症の影響によって観光のビジネス上の期待が急減
② SDGs（持続的開発目標），BCP（事業継続計画）ともに取組みが業界別で最下位
③ 働きがい，キャリア形成，事業のデジタル化への取組み志向が低い
- 一方で今後に期待が持てる要素としては以下の3点である。
① 新型コロナウイルスの感染拡大後も，観光に対するビジネス上の期待が「非常に大きい」とした層は増加
② SDGsに関して，直接的なビジネスとのつながりへの期待が非常に高い
③ 環境・地域分野で高い前向き志向

立教大学・JTB総合研究所（2021）によれば，新型コロナウイルス感染症の影響によって観光のビジネス上の期待は急減している。新型コロナウイルス感染症拡大前までインバウンドが好調であるなど観光への期待が高かったことへの反動としても，大きな痛手を受けた格好となった。

観光産業の中で旅行代理店などの旅行業は，SDGsに取り組んでいる企業の割合（対応をすでに行っている，対応を検討しているの合計）が16.1%と最も低い比率となり，観光産業はSDGsへの取組みが進んでいないことがわかる。

観光分野に対するビジネス上の期待は，新型コロナウイルス感染症の影響を受けたこともあり，期待が「非常に大きい」の割合は1.7%増えたものの，「小さい」「非常に小さい」割合の合計は13.4%ポイント大きくなった。しかしながら新型コロナウイルス感染症の影響後においても21.8%の企業が「非常に大きい」，20.6%の企業が「大きい」と回答しており，4割以上の企業では観光へのビジネス上の期待は依然として大きいことがわかる（詳細は図表2-12参照）。

今回のアンケート調査で業種別にBCPの策定状況を調査したが，策定済み企業の割合は宿泊業16.7%，旅行業は3.1%で全体の20.5%を下回っており，旅行業

の3.1%は全体で最も低い数字となった。BCP策定を進めることが最初の一歩となる。

　SDGsを通じて注力している分野を分析したところ（**図表序－4**），観光産業（旅行業＋宿泊業）のSDGs各ゴールへのリスク・チャンスの捉え方をみると，全業種と比較して，環境（ゴール6「安全な水とトイレを世界中に」，ゴール13「気候変動に具体的な対策を」，ゴール14「海の豊かさを守ろう」，ゴール15「陸の豊かさも守ろう」），平和と公正（ゴール16「平和と公正をすべての人に」），パートナーシップ（ゴール17「パートナーシップで目標を達成しよう」）が全業種よりも高い傾向となった。一方で，雇用（ゴール8「働きがいも経済成長も」）や技術

図表序－4　SDGs各ゴールに対するリスクとチャンスの認識

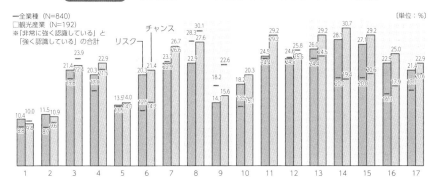

SDGsの17ゴール（参考）

1	貧困をなくそう	7	エネルギーをみんなにそしてクリーンに	13	気候変動に具体的な対策を
2	飢餓をゼロに	8	働きがいも経済の成長も	14	海の豊かさを守ろう
3	すべての人に健康と福祉を	9	産業と技術革新の基盤をつくろう	15	陸の豊かさも守ろう
4	質の高い教育をみんなに	10	人や国の不平等をなくそう	16	平和と公正をすべての人に
5	ジェンダー平等を実現しよう	11	住み続けられるまちづくりを	17	パートナーシップで目標を達成しよう
6	安全な水とトイレを世界中に	12	つくる責任つかう責任		

（出所）立教大学・JTB総合研究所（2021）より作成

革新（ゴール9「産業と技術革新の基盤をつくろう」）に対するリスクやチャンスの認識が全業種と比べて低く，働きがいやキャリア形成，事業のデジタル化，イノベーションなどへの取組みが今後の課題として考えられる。

　このように観光産業の厳しい現状が浮かび上がる一方で，いくつか今後に期待できる要素も存在する。

　1つ目は，観光分野に対するビジネス上の期待について，新型コロナウイルス感染症の影響前と後で，それぞれ聞いた質問では，観光への期待が「小さい」「非常に小さい」割合の合計は13.4ポイント増えた一方で，「非常に大きい」割合は，新型コロナウイルス感染症の影響後も1.7ポイント増えている結果となっている。観光への厳しい見方が広がる中で，チャンスとして捉えている企業もあることがわかる。当面の状況を克服し，長期的に成長が期待できる観光産業に対して，新たなビジネスモデルを構築していく機会としてとらえている企業が存在する。

　2つ目にはSDGsに関して，ビジネスとの直接的なつながりへの期待が非常に高いことである。SDGsに取り組むとどんな効果があると思っているか，を聞いたところ，全業種では「従業員の意識の向上」が55.8％と最も高く，「ブランド力が向上（34.9％）」，「企業として経営方針が明確化（28.6％）」と続いた（詳細は図表2−7参照）。観光産業の上位3つは，回答率が若干低いものの全業種と同じ結果となった。一方，「売上の増加」「収益の増加」「取引先の増加」については全業種より大幅に高い結果となり，営業活動への効果を期待していることがうかがえる。SDGsに取り組んでいる企業と取り組んでいない企業別に比較すると，SDGsに取り組んでいる企業の方が全体的に回答率は高くなっているが，「売上の増加」「収益の増加」「取引先の増加」に関してはSDGsに取り組む企業よりも観光産業の方が高い結果となり，観光産業は取組み率が低いにもかかわらず，過度にビジネス効果への期待が高いか，ビジネス効果への期待がなければ積極的に向き合わないとも受け取ることができる。SDGsの取組み効果全体を見た上で，ビジネス効果につながるというロジックを理解してもらうことが大切な一歩となる。

　3つ目は環境・地域分野で高い前向き志向があげられる。こうした分野にはリスクだけではなく，今後のビジネスチャンスとしての材料が存在している。

5　本書の目的と全体像

　観光産業は新型コロナウイルス感染症の影響を最も受けた業界の１つである。当面は現状回復を目指すことで精一杯の状況である。しかしながら，現状回復だけでは，回復しても影響が少なかった業界などに比べ，一周遅れのような状況になりかねない。そのため現状回復にとどまらず，そのレベルを超えた回復（ビルド・バック・ベター）[1]が必要となる。本書では現状を把握しつつ，SDGsを通じてより高いレベルへの回復を目指す処方箋を提案したいと考えている。本書のタイトルであるグレート・リセットはまさにそれを意図したものである。

　近時，観光産業の重要性やポテンシャルは指摘されているところである。UNWTO（2017）の中でも，民間企業は観光セクターのカギとなる存在であり，民間部門はSDGsの内面化により観光をSDGs達成へと導くことができるとされている。

　本書では，観光産業の実態と課題が明らかにしたいと考えているが，観光産業以外の幅広い業種・企業においても，観光への期待が存在することも確認できた。観光にかかわる企業がどのようにサステナビリティを達成するのか，さらに外部のステークホルダーはどの点を評価すればよいかという問いに対して，何らかのサジェッションが得られるはずである。

　近時のSDGsに関する議論の高まりを考えると，外部の評価を行うことで企業の取組みをいっそう進展させることが可能になる。しかしながら評価軸が形式的なものにとどまる場合や，実態とかけ離れた方策を推奨するものであった場合，かえって企業の取組みの障害になる可能性があり注意が必要である。

　本書の構成は以下の通りである。序章の後，第１章，第２章でSDGsの概要と主要な分析結果を示し，第３章～第５章では観光業界の３つの課題を説明する。それを受けて第６章～第８章で処方箋を提案する。そして終章で今後の戦略と展望をまとめる。

●注

(1)　2015年３月に開催された第３回国連防災世界会議の成果文書である「仙台防災枠組2015-

2030」の中で「ビルド・バック・ベター（より良い復興）」がうたわれている。

（参考文献）

GSTC : Global Sustainable Tourism Council（2016a）GSTC Industry Criteria VERSION 3, 21 DECEMBER 2016 WITH Suggested Performance Indicators for Tour Operators.

GSTC : Global Sustainable Tourism Council（2016b）GSTC Industry Criteria VERSION 3, 21 DECEMBER2016 WITH Suggested Performance Indicators for Hotels and Accommodations.

UNWTO（2017）Tourism and the Sustainable Development Goals –Journey to 2030.

World Economic Forum（2020）Toward Common Metrics and Consistent Reporting of Sustainable Value Creation. Prepared in collaboration with Deloitte, EY, KPMG and PwC.

クラウス・シュワブ，ティエリ・マルレ著　藤田正美，チャールズ清水，安納令奈訳（2020）『グレート・リセット　ダボス会議で語られるアフターコロナの世界』日経ナショナル・ジオグラフィック社。

経済産業省（2018）「中小企業のSDGs認知度・実態等調査結果（WEBアンケート調査）」経済産業省 関東経済産業局 一般財団法人日本立地センター。

経済同友会（2010）「日本企業のCSR－進化の軌跡－自己評価レポート2010」。

GCNJ・IGES（2018）「未来につながるSDGsとビジネス～日本における企業の取組み現場から」一般社団法人グローバル・コンパクト・ネットワーク・ジャパン，公益財団法人地球環境戦略研究機関。

世界経済フォーラム（2021）「グローバルリスク報告書2021年版」（マーシュジャパン／マーシュブローカージャパンによる翻訳。

野田健太郎（2019a）「大規模災害から企業経営を守るためには何が必要か」『地銀協月報』705：9-17。

野田健太郎（2019b）「ESG情報の開示効果を巡る論点について」『ディスクロージャー＆IR』11：115-123。

野田健太郎・浜口伸明・家森信善（2019）「事業継続計画（BCP）に関する企業意識調査の結果と考察」『RIETI Policy Discussion Paper Series』19-P-007, 2019。

湯山智教（2019）「ESG投資のパフォーマンス評価を巡る現状と課題」『東京大学公共政策大学院ワーキング・ペーパーシリーズ』。J-19-001。

立教大学・JTB総合研究所（2021）「観光産業におけるSDGsの取り組み推進に向けた組織・企業団体の状況調査」。

第 **I** 部

SDGsの視点からみた
観光産業の現状分析

SDGsの状況

第1章

　最近「SDGsへの取組み」「SDGsへの貢献」などと，SDGsという言葉を耳にすることが多くなった。SDGsとは「Sustainable Development Goals（サステナブル・デベロップメント・ゴールズ）」の略称で，日本語では「持続可能な開発目標」と訳されている。今，次世代にこの美しい地球を手渡していくために，地球全体で決めたSDGsという新しい考え方，ルールが必要とされている。観光，ツーリズムの世界もこれに基づき未来を描いていくことが重要である。

　本章ではSDGsの考え方や背景，観光のSDGsへの貢献等を示しながら，なぜSDGsの考え方が観光にとって大切なのかを考えていきたいと思う。

1　SDGs

　SDGs「Sustainable Development Goals 2030：サステナブル・デベロップメント・ゴールズ2030」，「邦訳：持続可能な開発目標2030」，「通称：SDGs（エスディージーズ）2030」（以下SDGs）は，2015年9月，「誰一人取り残さない（No one will be left behind）」を理念として，国連の「持続可能な開発サミット」で196の加盟国の全会一致で採択された。2000年〜2015年の15年間に設定された「ミレニアム開発目標（MDGs）」の後継の国際的な開発目標だ。その内容は17の開発目標と169のターゲット，232の指標からなり，地球全体に偏在する社会・経済・環境・文化・平和安全といった社会課題を解決するため設定された人類が取り組むべき現在の国連の開発目標であり，人間，地球および繁栄のための行動計画として設定されている（**図表1−1**）。これを受けて，UNESCOでは教育・文化を，ユニセフでは子供の育成や教育を，FAO（国連食糧農業機関）では食糧を，そしてUNWTO（国連世界観光機関）では観光と，各国連専

門機関の専門分野においてSDGs達成に向けた新しい取組みを推進している。今後の国際社会においての共通の価値観や基本的な考え方につながるグローバルな枠組みを指している。

　筆者は2014年から2017年までスペイン・マドリッドにあるUNWTOで勤務していた。2015年のSDGsの国連会議での採択から「2017年持続可能な観光国際年」までは，まさにSDGsと観光の関係が深まる胎動期だった。当時リファイ事務局長がリーダーシップをとり，SDGsに対し，観光がどのようにして貢献していくべきかという議論が活発に行われ，マドリッド本部の職場ではSDGsという言葉で溢れかえっていた。

　あれから5年が経ち，現在ではUNWTO，WTTC（世界旅行ツーリズム協会），PATA（太平洋アジア旅行業協会）といった観光関連の国際機関の熱心な取組みが功を奏し，少しずつだがSDGsは国際観光の舞台でも共通言語となりつつある。

図表1－1　SDGs「持続開発のためのアジェンダ2030」

SDGs

「我々の世界を変革する：持続可能な開発のための2030アジェンダ」
17の目標と169のアクションプランと232のインディケーターから成る

Sustainable Development Goals

（出所）国連資料に基づいてJTB総合研究所作成

2　SDGsの土台となったMDGs

　2000年9月に始動したミレニアム・デベロップメント・ゴール（Millennium Development Goals）は，ゴールである2015年までに，貧困率の減少，予防可能な疾病による幼児死亡数の低下，初等教育の就学率，HIV感染の減少など，多くの項目で大きな成果をもたらした。その一方で，男女間の不平等や，地域間の格差といった積み残された課題のほか，気候変動や紛争による脅威などの新たな課題を浮き彫りにする結果となった。人権や健康等の基本的な人としての生命に関わる課題は解決されたが，人と人，国と国，国境を越えた地球課題への対応には限界があった（**図表1－2**）。

図表1－2　ミレニアム・デベロップメント・ゴール

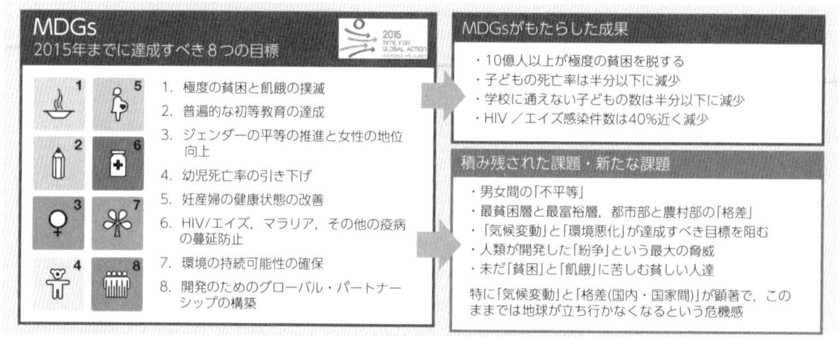

（出所）国連ミレニアム開発目標報告2015に基づいてJTB総合研究所作成

3　気候変動に対する国際社会の活発な動き

　グローバル規模での温室効果ガス排出削減に向け，国際社会は「国連気候変動枠組条約/UNFCCC」に基づき，1997年には2020年までの温室効果ガス排出削減の目標や先進国間で排出枠を売買する京都メカニズムを定める「京都議定書」を発効した。しかし，各国の事情や，それまで気候変動対策の中心だった「緩和」だけでなく，「適応」についても焦点を当てるべきとの声も強まり，後

の「パリ協定」に至る議論が精力的に継続され，気候変動に対する取組みが活発化した（**図表1-3**参照）。そして2015年に2030年以降の枠組みとして，史上初めてすべての国が参加する制度の構築に合意し，2016年には産業革命前からの地球の気温上昇を2℃より低く保つため，化石燃料使用削減を目的とした「パリ協定」の発効により，国際社会はさらに環境維持の方向へ歩みを加速化した。

　同様に2016年に採択された新たな「普遍的気候協定」では，世界が（アメリカや中国，産油国であるサウジアラビアも参加した）気候変動への取組みに必要な措置を講じることに合意（人類近代史を大きく変える歴史的合意）し，持続可能な開発目標（SDGs）の達成に重要な役割を果たすことになっている。パリ協定の後，国連気候変動枠組条約（UNFCCC）事務局の高官も「化石燃料の時代が終わる」と指摘し，GoogleやMicrosoftといった企業も，再生可能エネルギー化100％を目標に打ち出している。また，バンク・オブ・アメリカのような民間金融機関が石炭関連事業への融資を大幅に減らす方針を発表した。化石

図表1-3　パリ協定までの経緯

年	経　緯	備　考
1992年	国連気候変動枠組条約（UNFCCC）採択	1994年発効　※締約国数：197カ国・機関
1997年	京都議定書 採択	2005年発効　※先進国のみに排出削減目標を義務づけ
2009年	コペンハーゲン合意	先進国・途上国の2020年までの削減目標・行動をリスト化すること等に留意
2010年	カンクン合意	各国が提出した削減目標等が国連文書に整理されることに
2011年	ダーバン合意	すべての国が参加する新たな枠組み構築に向けた作業部会（ADP）が設置
2013年	ワルシャワ決定	2020年以降の削減目標の提出時期等が定められる
2014年	気候行動のためのリマ声明	自国が決定する貢献案を提出する際に示す情報（事前情報），新たな枠組みの交渉テキストの要素案等が定められる
2015年	2020年以降の枠組みとして，史上初めてすべての国が参加する制度（パリ協定）の構築に合意	
2016年	パリ協定 発効	2016年11月発効

（出所）国連資料に基づいてJTB総合研究所作成

燃料に依存しない観光セクターが今後，どうあるべきなのかを私たちは考えなければならない時代に入った。

4　観光セクターの取組み

　では現在，観光業界や観光の現場に携わる人々の意識はどうなっているのだろうか？

　UNWTOによると，観光セクターは世界のGDPの10％を創出し，世界で働く10人に1人は観光セクターに携わる，大変裾野の広い産業といえる（**図表1－4**）。世界全体の輸出額において，観光部門は1位の化学，2位の燃料部門に次ぐ世界3番目で，4位の自動車や5位の農業を上回る。観光分野が経済においてこれだけの波及効果があることは意外にもあまり知られていない。

　世界においては2018年5月に開催をされた韓国・江陵（カンヌン）で開催されたPATA総会旅行委員会での「[SDGs2030―持続可能な開発目標2030]」につ

図表1－4　なぜ観光セクターは重要なのか（経済分野への貢献），輸出産業における産業分野別ランキング（2018年）

（出所）UNWTO　国連世界観光機関駐日事務所ホームページより
　　　　世界旅行ツーリズム協議会（WTTC）ⓒ
　　　　UNWTO世界観光指標2018-国連世界観光機関（UNWTO）2018年6月

いて知っている方は手を挙げて下さい。」との問いかけに対し，参加委員のメンバー達からあまり多く手は挙がらなかった。委員長は，ご自身もその一人であることを認めた上で，言葉を続けた。「持続可能な開発目標は，地球上の美しい景色や先祖から引き継いできた文化・遺産を次世代に引き継いでいくための人類共通の目標であり，これから私達が取り組むべきアクションプランです。この目標に対して理解を深め，できることから貢献していくことが地球上でビジネスを行うすべての人々に求められる時代が到来しています。PATAでも今後，SDGsへの理解や認識を深めていきましょう。」

　観光は，世界経済，社会そして自然環境に大きな影響をもたらしながら成長し続けている。だからこそ社会的責任も大きくなっていることを従事者である私達が認識し，SDGsを指針としながら産官学が連携し，民間の中ではサプライチェーンを踏まえた行動を起こすことが大切だと考える。

5　観光セクターが担うべきSDGsの取組み分野と 具体的な行動

　国連観光機関ではSDGs策定に当たり議論を重ねた結果，SDGsの17の開発目標のうち，観光分野が貢献する3つの目標，「ゴール8　働きがいも経済成長も」，「ゴール12　つくる責任つかう責任」，「ゴール14　海の豊かさを守ろう」を重点目標とし観光が貢献するターゲットを設定した（図表1−5）。その具体的ターゲットとしてゴール8のターゲット8.9「2030年までに，雇用創出，地方の文化振興・産品販促につながる持続可能な観光業を促進するための政策を立案し実施する」では，売上や収益という事業者目線であった経済重視の観光政策から雇用創出，持続可能な観光業政策立案や，地域社会や経済を支える持続可能な観光を推進することを，ゴール12のターゲット12.b「雇用創出，地方の文化振興・産品販促につながる持続可能な観光業に対して持続可能な開発がもたらす影響を測定する手法を開発・導入する」では，経済指標だけでなく，自然環境課題や社会課題（貧困削減，雇用創出，ジェンダー平等，脆弱層支援，文化・遺産の尊重・保全，多様性やインクルージョンの推進，相互理解や安心・安全）を解決しているのかといった非経済指標も含めた「持続可能な観光」のあるべき姿を描き，計測する手法を開発すること，ゴール14は「海面上昇の危機に瀕

する島嶼国の海洋観光資源の活用のあり方を考えること」を掲げている。

図表１－５　国連が169のターゲットで設定した３つのゴール

SDGsターゲットの中の観光

Target 8.9–
2030年までに，雇用創出，地元の文化・産品の販促につながる持続可能な観光業を促進するための政策を立案し実施する。

Target 12.b–
持続可能な開発が雇用創出，地元の文化・産品の販促につながる持続可能な観光業にもたらす影響のモニタリングツールを開発・導入する。

Target 14.7–
2030年までに，漁業，水産養殖，および観光の持続可能な管理などを通じた，小島嶼開発途上国および後発開発途上国の海洋資源の持続的な利用による経済的利益を増加させる

（出所）UNWTO資料に基づいてJTB総合研究所作成

　しかしながら，2017年に在任していたリファイ事務局長の考えはそれだけに止まらなかった。「地球を舞台とする観光業はSDGsの全ゴールの達成に貢献できる。いや貢献しなくてはならない。」そこでUNWTOでは経済的な側面のみならず社会や貧困，自然・環境，文化・遺産，相互理解や平和の創出といった分野においても観光は大きな貢献ができるとし，2017年の「持続可能な観光国際年（International Year of Sustainable Tourism for Development 2017）」において，観光が貢献する下記の５分野を提示した（**図表１－６**もあわせて参照）。

「持続可能な観光国際年」でUNWTOが定めた取り組むべき５分野

　UNWTOが主導で推進した2017年持続可能な観光国際年にあたり観光がSDGsに貢献する５つの分野を定めた。「経済」「社会」「環境」のトリプル・ボトムラインに加えて，観光が価値を生みSDGsに貢献する分野として加えられているのは「文化」と「相互理解・平和構築」だ。観光とそれぞれの分野の関係は以下の通

り定義づけている。

① 　**包括的・持続的な経済発展**（Inclusive and sustainable economic growth）
　　−誰もが参加可能で地域全体への経済的裨益が持続するようなツーリズム
　　　ゴール 1 （貧困をなくそう）
　　　ゴール 2 （飢餓をゼロに）
　　　ゴール 8 （働きがいも経済成長も）
　　　ゴール 9 （産業と技術革新の基盤をつくろう）
　　　ゴール10（人や国の不平等をなくそう）
　　　ゴール17（パートナーシップで目標を達成しよう）

② 　**社会的な関わり，雇用拡大や貧困の撲滅**（Social inclusiveness, employment and poverty reduction）
　　−雇用創出や貧困削減に貢献するツーリズム
　　　ゴール 1 （貧困をなくそう）
　　　ゴール 3 （すべての人に健康と福祉を）
　　　ゴール 4 （質の高い教育をみんなに）
　　　ゴール 5 （ジェンダー平等を実現しよう）
　　　ゴール 8 （働きがいも経済成長も）

③ 　**資源の有効活用，環境保護や気候変動**（Resource efficiency, environmental protection and climate change）
　　−環境や気候変動に配慮した資源保全・保護を踏まえたツーリズム
　　　ゴール 6 （安全な水とトイレを世界に）
　　　ゴール 7 （エネルギーをみんなにそしてクリーンに）
　　　ゴール11（住み続けられるまちづくりを）
　　　ゴール12（つくる責任　つかう責任）
　　　ゴール13（気候変動の具体的な対策を）
　　　ゴール14（海の豊かさを守ろう）
　　　ゴール15（陸の豊かさも守ろう）

④ 　**文化的価値，多様性，遺産**（Cultural values, diversity and heritage）
　　−伝統や固有性と多様性の両立を認め合う文化価値を描くツーリズム
　　　ゴール 8 （働きがいも経済成長も）

ゴール11（住み続けられるまちづくりを）
ゴール12（つくる責任　つかう責任）

⑤　**相互理解，平和，安全**（Mutual understanding, peace and security）
　－平和や安全を支える相互理解に貢献するツーリズム
　ゴール4（質の高い教育をみんなに）
　ゴール16（平和と公正をすべての人に）

図表1－6　UNWTOが持続可能な開発のための観光国際年で
定義づけた5つの分野と17ゴール

「持続可能な観光」で取り組むべき5分野

ひとつの分野の目標達成が，次の分野へ派生していく「持続可能な観光」の5分野
UNWTOが提言した「持続可能な観光」で取り組むべき5分野は，それぞれがSDGsの17目標のいずれかの要素を
備えており，それぞれの分野で目標達成すると，その効果が他の分野へ派生し始め，結果，「持続可能な観光」を
継続的に構築していくという大きな特性を持っている。

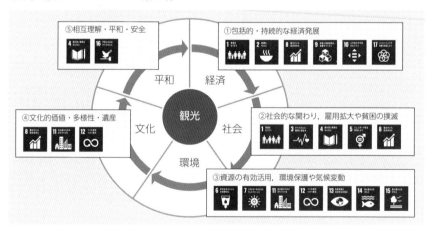

（出所）UNWTO資料に基づいてJTB総合研究所作成

6　観光を通じた社会の「持続可能性の実現」に必要なこと

　巷には「持続可能な…」とつければ，社会的責任を果たしていると考えられる風潮さえある。持続可能な社会，持続可能な産業，持続可能な環境。ある意

味，流行語ともいえるほど「持続可能な」があふれている。ただ，各組織や企業の掲げている取組みが，より良い社会や地球環境づくりに貢献していくように見えない，感じられないのもまた事実でもある。なぜか？　それは各社・各組織・各人の目標やアクションは理にかなっているものの，それぞれが単独的で集団的に連携して示されていないことが多いからではないかと感じる。自社が良ければ，所属している産業が良ければ，うちの自治体が良ければ，日本が良ければ，という視点では真の持続可能性は実現しない。米国の建築家であり思想家でもあるバックミンスター・フラーが1963年に著した『宇宙船地球号』の考え方に立ち戻り，困っている地球に住む人々の幸せや，地球の限りある資源を如何にシェアしていくのかを考えていくことが欠けているのではないか？　宇宙船地球号のエコシステムの中に息づくすべての人類や動植物までを包摂した新しい社会ルールを個社の視点だけでなく，その地域の社会課題に関わるステークホルダー達が業界の壁を越えて集団的に考え，新たなルール・メークをしていくことは持続可能性を語る上での大切な一歩である。ツーリズムや旅行による非日常の体験は，帰属している社会の固定観念的な価値観から距離を置き，あるべき姿や行動を考える大切な時間でもある。大切な資源を分かち合い，自身の文化背景と違った価値観の人々や社会・文化と出逢いや対話を通じて，自身の価値観を確立しながら相手の多様性を認める人格形成を進めるべく利他の精神やグローバルな視野で考える機会を持っていくこと。これが観光を通じた社会の持続可能性の実現への貢献なのだと考える。

　といいながら人は続けることが苦手である。筆者も「ダイエットのために運動をしてください」と毎年のように健康診断指導を受けるが，まったく続かない。持続しないのである。でも，ダイエットのためでなく「楽しみ」や「面白い」要素が加われば，続けることが苦にならず，結果がおのずと出てくる。これは同様に持続可能な観光の実現にもあてはまる。できない理由をつけて正当化するのではなく，できないことも織り込む。どうしたら日々の行動として自律的に行動を続けていくことができるかを考えた時，「楽しい」「面白い」といったエンターテインメントの誘因力としての「観光」の性質を活用していくことが大切なのだと思う。観光の中に包摂されている「楽しさ・面白さ・ファン（熱狂性）」がサステナブルなライフスタイルへの変革を促していくことで，日常のライフスタイルを少しずつ変革させる機会として活用していくことが，

新しい観光の大切な役割になっていくと考える。ネットで調べただけの二次情報だけの知識ではなく，実際に見て感じる一次体験を通じて得られた経験や習得した知識は，人々の意識を大きく変える力を持っている。その過程に存在する案内人（事業者や地域に住む人々）は，旅人と訪問地そしてその土地にたおやかに横たわる文化や自然をつなぐ大切なストーリーテラー（語り部）でもあり，アクター・アクトレス（役者）でもある。

7　世界各国の観光関連企業で始まっているSDGsの取組み

現在，世界の観光関連企業ではSDGs達成に貢献する動きが活発化している。ロイヤル・カリビアン・クルーズ社は持続可能な観光への取組みを進めるべく，持続可能な観光をグローバル・サステナブル・ツーリズム認証（GSTC認証）の基準に準拠して実践するように，海外からの訪日インバウンド旅行客を主たる市場とする㈱JTBグローバルマーケティング＆トラベルなどのランドオペレーター等へ働きかけをし，活動の範囲を拡大している。取組みはランドオペレーターのサプライチェーン全体に及び，観光地のホテルやレストラン，土産物屋や交通事業者，観光見学箇所等の事業者と軌を一にして取組みを進めていく必要がある。このような流れを受けて欧州のホテルでは再生エネルギーの導入や，カーボンオフセットの検討，ゼロエネルギーで施設を運営するしくみを導入するホテルも現れている。

台湾のホテルではプラスチック製品の利用削減の観点から毎日2本のペットボトル・ミネラル・ウォーターの提供サービスについて再考し始めている。食の分野においては，アジア太平洋旅行業協会（PATA）はタイのホテルとブッフェサービスから生じる食料廃棄の検証を行っている。食と関わる事業者は自国内だけでなく海外で生産された食材も含めて利用された水や土地，関わった労働力，輸送にかかった石油燃料等に至るまでSDGsの考え方に準じてどう改善すべきなのかを調査している。

世界観光ツーリズム協会（WTTC）は国連気候変動枠組条約（UNFCCC）や英国政府や世界自然保護基金（WWF）とそれぞれ覚書を締結し，観光産業が気候変動への取組みや野生動物保護にどのように貢献できるのかを検証する世界レベルのワーキンググループを設立した。もし人間が対象だったらやらない

ことを動植物に当てはめて考える「動物福祉」の考え方も急速に普及している。イルカに触れたり一緒に泳いだり，象に乗ったり，コアラを抱いたりするツアーのあり方についても検証されているが，その重要性についてまだまだ日本では認知度が上がっていない。宿・移動・食・雇用・地域といった観点で，どのような責任や配慮が観光セクターにあるのかをサプライチェーン全体で考えていくことが大切な時代になったといえる。

8　日本の観光業界の動静

　日本の観光業界でもUNWTO（国連世界観光機関），WTTC（世界旅行ツーリズム協議会），PATA（太平洋アジア旅行業協会）といった観光関連の国際機関に参加し，熱心な取組みが行われている。2015年当時，日本旅行業協会（JATA）の田川会長はいち早く観光を通じたSDGs達成貢献の重要性を提唱した。国土交通省では観光地の価値を毀損することなく将来に受け渡していく観光地経営の観点で，2018年の国土交通政策研究所におけるオーバーツーリズムに関する調査を行った。また，観光庁・持続可能な観光推進本部を中心に観光を起因とする混雑やゴミ問題などをテーマに議論が開始され，2020年6月にはGSTC基準を基本とした日本版持続可能な観光指標が策定された。さらに内閣府は2019年に発表された2020年度〜2024年度までの第2期「まち・ひと・しごと創生総合戦略」において，SDGs官民連携プラットフォームにおいて地域課題の解決をより一層推進するため，全国各地の地域レベルにおける官民連携を促進している。加えて地方創生SDGsの達成に向けたサステナブル・ツーリズム（持続可能な観光）の取組み事例についても国内外への発信等を推進することや，地方創生SDGsの達成に向けたサステナブル・ツーリズムの取組みとして，UNWTO等とも連携しながら先進事例を創出する取組みを進めていくことが掲げられている。このような背景を見てもわかるように，2022年は持続可能な観光（サステナブル・ツーリズム）実践元年といっても過言ではない。一般財団法人運輸総合研究所，UNWTO駐日事務所，観光庁が連携した「観光を活用した持続可能な地域経営の手引き」も作成された（**図表1−7**）。各運輸局ではその実証に向けた地域に根ざしたサステナブル・ツーリズム開発事業が多く設定されている。日本政府観光局（JNTO）も日本の視点でのサステナブル・

ツーリズムの好事例の情報を収集し，コロナ禍明けの国際観光復活に向けた訪日インバウンドの新しい魅力として位置づけた取組みを加速化している。また日本国際協力機構（JICA）では観光が貢献するSDGs指標の選定プロジェクトを通じて，観光がSDGs達成に貢献する世界的な基準づくりも進んでいる。

 **図表1－7**　持続可能な観光ガイドライン

（出所）観光庁：持続可能な観光ガイドライン
　　　　https://www.mlit.go.jp/kankocho/content/001350849.pdf
　　　　運輸総合研究所「観光を活用した持続可能な地域経営の手引き」

9　SDGs×観光が目指すもの

　誰しも記憶に残る美しい景色を見たことがある。誰かとシェアしたい景色がある。誰しも大好物がある。誰かと一緒に食べたい美味しい食事がある。次の世代にも残したいと思うような景色や食事がある。その場所でしか食べられない食事に舌鼓を打ち，その土地の音楽に耳を傾け，その土地の人たちと語らう。旅はロンドン・ウエストエンドのミュージカル・舞台芸術を凌ぐ，自分が主人公の最高のエンターテインメントなのだ。非日常・異空間を旅する間に，世界をより良い方向に向ける行動を心掛ける，少なくとも考えはじめるようになれ

ば世の中は確実に良い社会に向かうはずだ。旅をしている間だけでも，地球のことや子供たちの未来に思いを馳せていこうではありませんか。

　SDGsの開発目標の2030年まで残り8年。コロナ禍以前のTravel Revolutionといわれた2019年と同様の観光革命時代に戻るまで遅くともあと1〜2年だと想定される。それまでの間，観光を通じた人々の行動変容が良い社会づくりに貢献するしくみを考える大切な時間に変えることはできないものか。これからの持続可能な観光を考える際，現在各地で提供されているさまざまな観光プログラムを以下のようなツーリズムに大別して考えていくとSDGs達成により貢献できるのではないかと考える。その骨子は，国連世界観光機関（UNWTO）勤務時代に一緒に働いていた（UNWTO）アドバイザー亀山秀一氏と議論をして考えた素案をベースとしている。

---

① 誰もが参加可能で地域全体への経済的裨益（ひえき）が持続するようなツーリズム
② 雇用創出や貧困削減に貢献するツーリズム
③ 環境や気候変動に配慮した資源保全・保護を踏まえたツーリズム
④ 伝統や固有性と多様性の両立を認め合う文化価値を描くツーリズム
⑤ 平和や安全を支える相互理解に貢献するツーリズム

　SDGsは地球の魅力を未来に引き継いでいくための大切な方位磁針だ。観光がSDGsと足並みを揃えて，地域や国，そして地球全体の持続可能性に舵を合わせることで，大きな変革の歯車が回り始める。非日常・異日常の体験や異空間を旅する間に，世界をより良い方向に向ける活動をする機会を組み込むだけで世の中は確実に良い方向に向かうはずだ。1人でも多くの人が，地球のことや子供たちの未来に想いを寄せながら，社会を変える力を持っている観光を通じて何ができるのかを考え，小さなことでも良いから「旅の要素」に優しく織り込んでいくことも大切ではないか？

　"Travel and tourism that contributes to the SDGs is a true transformative force for society for good."（SDGsに貢献する旅行・観光は社会をより良いものに変革する真のチカラを持っている。）

　タレブ・リファイ前事務局長が会うたびに，筆者に仰っている言葉である

（図表 1 − 8 ）。

図表1−8　写真：リファイ事務局長と筆者（ジャマイカ/アンマン）

ジャマイカのモンテゴベイで開催された
UNWTO Conference on Tourism, Jobs
and Inclusive Growth（2017年11月）

アンマンのリファイ邸訪問（2021年 5 月）

観光産業を取り巻く状況
－期待と不安

第2章

　観光を通じた社会におけるサステナビリティの実現・SDGs達成への貢献については国際観光の舞台でも観光・旅行に関する地域経営や観光事業を進めていく政府や地方自治体，企業の間で重要な共通言語となりつつある。日本においても国連世界観光機関駐日事務所と運輸総合研究所が協働し作成した「観光による持続可能な地域経営の手引書」が作成される等，持続可能な地域経営において，観光の役割の議論が進む一方，それを実践する事業者が自身の事業と結びつけて取組みを進めている状況には至っていない。すなわち現在の日本の観光事業者にとって「なぜサステナビリティやSDGsに取り組まなくてはならないのか」が腹落ちしていない状況にあると考えられる。経営者は，従業員の雇用を守り，株主の配当への期待に応えた上で，社会的な責任を果たしていくことは理解しているものの，サステナビリティ実現への貢献を最優先項目として取り組んでいる事業者はまだまだ少ない状況にある。その一方でSDGsへの取組みを進めていかなくてはならないことは頭では理解しているものの，具体的に何をしなければならないのかがわからず不安な状況に置かれているともいえる。

　本章では2021年3月に立教大学と㈱JTB総合研究所が共同で調査した「観光産業におけるSDGsの取り組み推進に向けた組織・企業団体の状況調査」[1]から得られた結果に基づき，サステナビリティを推進する社会における，観光事業者を含む日本の事業者の現状の課題と，リスクとチャンスを把握し，観光領域に携わる事業者の競争力を高めるためには何をなすべきかを考察する。

1　日本の企業における経営者のSDGsへの認知・取組み

　図表２－１と**図表２－２**を見てほしい。従業員数の多い企業であればあるほど，その経営者はSDGsへの認知・取組みを進めている傾向が見られる。一方で７割強の企業はSDGsの対応を行っておらず，対応をすでに行っている企業は15.1％にとどまっている。

　観光セクター（飲食・運輸・旅行・宿泊）に目を向けてみると，SDGsに取り組む企業の割合は21.6％で業種別では最低水準にある。取組みが進んでいるのは金融・保険業界であり，国連が2006年に定めた責任投資原則（PRI）を受けてESG（環境・社会・ガバナンス）投資・金融を通じて持続可能な事業を推進する事業者への投融資が進められていることが背景にあると考えられる。

　国際社会は，利益確保を軸とした経済的指標に加え，社会や自然環境に対するプラスとマイナスの影響も判断軸にくわえて事業の持続可能性を判断することを基本としており，金融保険業界のSDGsへの対応状況は，2030年までに目指すサステナブルな世界にネガティブな影響を及ぼす事業から撤退し，プラスに働く事業への投融資を進めていく強い意志が現れている。また次にエネルギー業や不動産業といった大きな投資を伴う業種でのSDGsへの取組みが進んでいることもうかがえる。このように多額の投資を必要とする大手企業においては投資家のサステナビリティ志向を踏まえ，SDGsへの取組みを急速に進めている。その一方で製造業，観光業を含むサービス業や規模が比較的小さい企業においての取組みはまだまだ進んでいない状況にあることもわかった。これは従業員数が少ないことでサステナビリティやSDGs推進に対して十分な人的リソースを充てられないことが大きな要因でもある。

　2030年に向けて日本全体のSDGs達成への取組みを加速化していくためには，約８割以上にのぼる現在取り組んでいない企業の実践的な参画を促していかねばならない。地球全体でサステナビリティ推進が求められる環境は当面継続する中，日本におけるSDGs達成に向けた取組みが不足していることは明らかである。すなわちSDGs達成への取組み市場は2030年までに安定的に成長していくことが想定され，この課題に対して自社の強みを活かしてソリューションを提案できれば，サステナビリティ推進市場は，どの業界にとっても参入する余

図表2－1　日本企業のSDGsに関する認知　従業員数別・業種別

・7割強の企業がSDGsの対応を行っておらず，対応をすでに行っている企業は15.1%にとどまる。

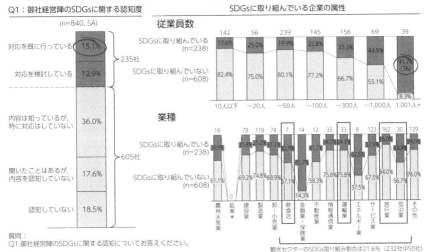

質問：
Q1.御社経営陣のSDGsに関する認知についてお答えください。

（出所）立教大学・JTB総合研究所（2021）より作成（以下，図表2－14まで同じ）

図表2－2　日本企業のSDGsに関する認知　従業員数別・年間売上高

・今回の調査データをもとに，従業員数が多く，年間売上高が多い企業ほどSDGsに対する意識が高い傾向にあることが考えられる。

経営陣におけるSDGsの認識と企業属性のトレンド

経営陣におけるSDGsの認識×従業員数

	対応を既に行っている	対応を検討している	内容は知っているが，特に対応はしていない	聞いたことはあるが，内容を認知していない	認知していない	
10人以下	8.5%	9.2%	29.6%	23.2%	29.6%	142
～20人	7.1%	17.9%	39.3%	12.5%	23.2%	56
～50人	9.3%	10.6%	38.1%	22.0%	19.9%	236
～100人	13.8%	9.0%	42.8%	15.9%	18.6%	145
～300人	17.9%	15.4%	41.7%	14.1%	10.9%	156
～1,000人	23.2%	21.7%	26.1%	15.9%	13.0%	69
1,001人+	69.4%			22.2%	8.3%	36

経営陣におけるSDGsの認識×2019年度の年間売上高

	対応を既に行っている	対応を検討している	内容は知っているが，特に対応はしていない	聞いたことはあるが，内容を認知していない	認知していない	
1億円未満	13.2%	7.4%	25.6%	21.5%	32.2%	120
～3億円未満	7.6%	11.8%	34.0%	22.2%	24.3%	142
～5億円未満	4.8%	14.3%	39.1%	20.2%	21.9%	103
～10億円未満	9.0%	7.6%	44.4%	19.4%	19.4%	144
～30億円未満	17.4%	13.8%	38.9%	16.8%	13.2%	164
～50億円未満	16.7%	14.6%	35.4%	18.8%	14.6%	48
～100億円未満	22.7%	20.5%	45.5%	9.1%	2.3%	44
～500億円未満	39.6%		27.1%	29.2%	4.2%	48
～1,000億円	50.0%		30.0%	20.0%		10
1,000億円+	82.4%			5.9%	5.9% 5.9%	17

地のある魅力ある市場（ブルーオーシャン市場）となるとも言うことができる。観光事業者が得意とする「人流」＋「対話」＝「交流・体験」の創出や，リアルな「交流・体験」から生まれる「実感価値の創出」，「感情・考えの変化を促す機会」を活用した「ライフスタイルを変化させるソーシャル・インフルエンサー」としてのライフスタイルの変革リーダーとしてのポジションを考えていく必要がある。観光事業者や観光領域は日本国内のサステナビリティ推進に貢献できる取組みは何かを考えていくべきであろう。

2　観光セクターの中でのSDGsへの認識の違い

　観光セクターは，さまざまな産業が観光という時間を連携して創出している複雑なバリューチェーン構造を持っている。観光セクターにおけるサステナビリティやSDGsへの認識は一枚岩なのだろうか？　観光セクターに関係する業種別のSDGs認知を確認すると，宿泊業が43.3%，次いで飲食店が42.9%，運輸業が24.2%，旅行業が一番低く16.1%となっている。施設インフラを保有し，エネルギー消費や食材等の資源を管理・調達・供給していくことを，毎日の現場で実践している宿泊事業や飲食事業者のSDGsやサステナビリティへの関心が高いことがうかがえる（図表2－3）。また売上高も大きい宿泊施設は，施設の改修や減価償却などを伴う設備の更新等，比較的大きな資金調達が必要とされる。その調達にあたっては金融機関のSDGsへの関心が強いことと同様に，SDGs・サステナビリティへの取組みをセクターにおいては早々に検討し始めていると考えられる（図表2－4）。

　一方で旅行業は他産業のサービスを代理・媒介・取次をすることを当初の生業としていたことから，自己責任の下にサービスや商品を開発する機会が少ないことから，SDGsへの認識がまだまだ低いのだと考える。しかしながらインターネットに代理・媒介・取次業務が取って代わられ，旅行事業者の事業機会が縮小する中，着地型事業として自社による価値創造や開発をしていく上で，旅行事業者も宿泊・運輸・飲食事業者の認識と同様の水準にSDGsへの認識や取組み水準を上げていくことが求められるだろう。

図表2-3　観光セクターにおけるSDGsへの経営者の認知の差

・業種別にSDGsに取り組んでいる（対応をすでに行っている，または検討している）割合をみると，金融・保険業が85.7%と最も高く，旅行業が16.1%と最も低い。観光セクターにおいては宿泊業が43.3%と一番高い。

経営陣におけるSDGsの認識×業種（n=840, SA）

		対応をすでに行っている	対応を検討している	内容は知っているが、特に対応はしていない	聞いたことはあるが、内容を認知していない	認知していない	n
	全体	15.1%	12.9%	36.0%	17.6%	18.5%	840
第一次産業	農業・林業・漁業	16.7%	22.2%	27.8%	11.1%	22.2%	18
第二次産業	建設業	15.4%	15.4%	39.7%	15.4%	14.1%	78
	製造業	12.6%	12.6%	34.5%	19.3%	21.0%	119
第三次産業	卸売業・小売業	20.3%	10.8%	37.8%	18.9%	12.2%	74
（観光セクター）	飲食店		42.9%	28.6%		28.6%	7
	金融業・保険業	71.4%	14.3%		7.1%	7.1%	14
	不動産業	33.3%	8.3%	50.0%		8.3%	12
	情報通信業	12.1%	12.1%	54.5%	18.2%	3.0%	33
（観光セクター）	運輸業	12.1%	12.1%	39.4%	15.2%	21.2%	33
	電気・ガス・水道・熱供給業	37.5%		25.0%	12.5%	25.0%	8
	サービス業	13.0%	19.5%	35.0%	14.6%	17.9%	123
（観光セクター）	旅行業	9.3%	6.8%	34.6%	22.8%	26.5%	162
（観光セクター）	宿泊業	23.3%	20.0%	20.0%	16.7%	20.0%	30
	その他	14.7%	9.3%	39.5%	18.6%	17.8%	129

質問：
Q1.御社経営陣のSDGsに関する認知についてお答えください。

図表2-4　旅行業と宿泊業のSDGsへの認知の差

観光産業の中では，宿泊業の企業規模は旅行業（旅行代理店など）より大きく，SDGsに関する認知も高い。

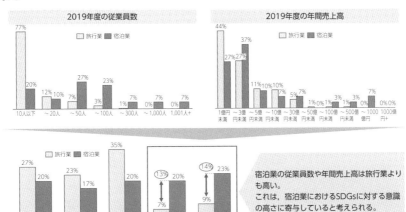

宿泊業の従業員数や年間売上高は旅行業よりも高い。
これは，宿泊業におけるSDGsに対する意識の高さに寄与していると考えられる。

3　なぜ企業はサステナビリティやSDGsに 取り組んでいるのか

　SDGsに取り組んでいる企業に，SDGsに関して現在取り組んでいることについて調査したところ（**図表2−5**左グラフ），SDGsに関する情報収集が75.7％，SDGs分類に合わせた自社の取組みの整理をしている企業が64.7％との結果になった。自社の企業活動と関連する取組みとしてはSDGsの取組みを経営計画に反映させている企業は42.6％，SDGsの取組みをPRに活用している企業は41.3％であった。また事業に組み込んだ取組みとしては，SDGsの取組みを新事業や新製品に活用している企業は23.8％，SDGsの取組みを人材育成に活用している企業は17.9％，採用活動に活用している企業は12.8％となった。

　またSDGsに取り組んでいる企業と未だ取り組んでいない企業に対し，「将来に向けてSDGsに関して取り組みたい活動」について調査したところ（図表2−5），半数の企業がSDGsに関する情報収集を実施したいと考えており，

図表2−5 取り組んでいる・取り組んでいない企業のSDGsへの取組み・意向

・現在行っているSDGsに関する取組み状況にかかわらず，「情報収集」「自社の取組みの整理」が 多く，事業や経営への活用は今後取り組みたいこととして挙げる割合が高い。

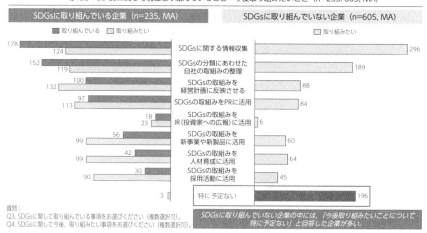

Q4&5：SDGsに関して現在取り組んでいること・今後取り組みたいこと（n=235/605, MA）

質問：
Q3. SDGsに関して取り組んでいる事項をお選びください（複数選択可）。
Q4. SDGsに関して今後，取り組みたい事項をお選びください（複数選択可）。

SDGs分類にあわせた自社の取組み整理を行いたいと考えている企業は36.7％であった。自社の企業活動と関連する取組みとしてはSDGsの取組みを経営計画に反映させたいと考えている企業は26.2％，SDGsの取組みをPRに活用したいと考えている企業は23.5％であった。また事業に組み込んだ取組みとしては，SDGsの取組みを新事業や新製品に活用したいと考えている企業は18.9％，SDGsの取組みを人材育成に活用したいと考えている企業は19.4％，採用活動に活用したいと考えている企業は16.1％となった。

　また，企業がサステナビリティやSDGsへ取り組む効果についてSDGsに取り組んでいる企業へ調査したところ（**図表2－6**），従業員のサステナビリティに対する意識の向上が69.8％，サステナビリティを軸としたブランド力の向上に貢献すると答えた企業が60.0％，企業としての経営方針がSDGsへ取り組むことによって明確になるとの回答した企業は47.2％，SDGsへ取り組むことで企業の認知度の向上につながると回答した企業は40.4％との結果となった。

　自社の企業活動と関連する取り組みとしてはSDGsの取組みが採用活動にプ

図表2－6　**取り組んでいる・取り組んでいない企業が想定しているSDGsの効果**

・「従業員の意識の向上」「ブランド力の向上」「経営方針の明確化」「認知度の向上」が高く，
　経済的な効果の認識は低い。

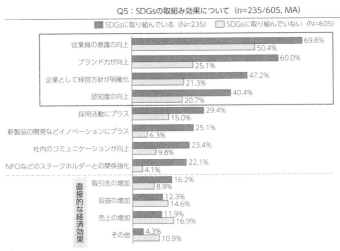

Q5：SDGsの取組効果について（n=235/605, MA）

■ SDGsに取り組んでいる（N=235）　　□ SDGsに取り組んでいない（N=605）

項目	取り組んでいる	取り組んでいない
従業員の意識の向上	69.8%	50.4%
ブランド力が向上	60.0%	25.1%
企業として経営方針が明確化	47.2%	21.3%
認知度の向上	40.4%	20.7%
採用活動にプラス	29.4%	15.0%
新製品の開発などイノベーションにプラス	25.1%	6.3%
社内のコミュニケーションが向上	23.4%	9.8%
NPOなどのステークホルダーとの関係強化	22.1%	4.1%
取引先の増加（直接的な経済効果）	16.2%	8.9%
収益の増加（直接的な経済効果）	12.3%	14.6%
売上の増加（直接的な経済効果）	11.9%	16.9%
その他（直接的な経済効果）	4.3%	10.9%

質問：
Q5.SDGsの取組み効果についてお選びください（複数選択可）。

ラスとなると29.4％の企業が，新製品の開発等のイノベーションにプラスとなると考えている企業は25.1％との結果となった。また社内のコミュニケーションの改善効果があると考えている企業は23.4％に，NPO等の普段の企業活動で接点を持たない組織とつながりづくりに貢献すると22.1％の企業が考えている。

　SDGsへの取組みが直接的な経済効果につながると認識している企業は少ないが，取引先の増加が16.2％，売上高の増加と収益の増加に効果があると1割強の企業が考えていることが示された。

　観光産業の上位3位は，回答率が若干低いものの全業種と同じ結果であった。一方，「売上の増加」「収益の増加」「取引先の増加」については全業種より大幅に高い結果となり，営業活動への効果を期待していることが高いことがうかがえる。SDGsに取り組んでいる企業と取り組んでいない企業別に比較すると，SDGsに取り組んでいる企業の方が全体的に回答率は高くなっているが，「売上の増加」「収益の増加」「取引先の増加」に関してはSDGsに取り組む企業よりも観光産業の方が高い結果となり，観光産業は取組み率が低いにもかかわらず，過度にビジネス効果への期待が高いか，ビジネス効果への期待がなければ積極的にSDGsへの取組みに向き合わないとも受け取れる回答結果となっている（図表2−7）。

　このように企業がSDGsへの取り組む目的として，経営計画への組込み，新事業や新製品への活用，人材育成や採用活動につなげていく等を主だった目的として挙げている。また先進的な企業においては売上や収益に増加に貢献する効果があると考えている企業もあることもわかってきた。現在，日本国内で活動する企業においてはSDGsを活用して社内外とのコミュニケーションを効果的に取ろうとする企業のCSR活動やイメージ向上としての取組みが多いものの，一部の企業においてはサステナビリティの実現に対して自社のコンピタンスを新しい商品やサービスに昇華させ，取引先の増加や売上高や収益増加につなげる実践的な動きも見て取れる。また観光産業においては売上や収益の増加や取引先の増加といった効果が取組み動機となっていることもわかった。この動機を有効に活用し，観光産業においてSDGsの取組みを進めていく道筋を見つけていくにはどうすべきかを実践的に考えていくことが重要だ。具体的にはサステナブルなサービスを試してもらう実証の場として旅行時間や空間を提供することや，サステナビリティを促進しようとするサービスや商品，地域の活動を

図表2-7　観光セクターと取り組んでいる・取り組んでいない
企業のSDGsへの取組み・意向

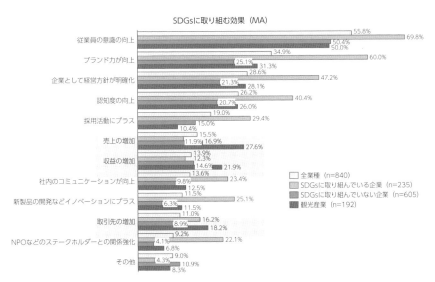

紹介していくこと等も観光事業者のサステナビリティ時代の事業領域として考えていけるのではないだろうか。

4　SDGsが示唆するリスクと機会に正対する

　SDGsの正式な名称は「我々の世界を変革する：持続可能な開発のための2030アジェンダ」である。私たちの世界を変革に取り組まず慣性にとらわれて事業をしていると大きなリスクに直面することとなる。一方，この変革を前向きに捉えていくことで新しい事業機会を創出することもできる。SDGsの17の各ゴールを企業にとってリスクと考えるか，それともチャンスと考えるかにつ

いて調査をした。SDGsにすでに取り組んでいる企業で集計すると「リスク」「チャンス」共に，エネルギー（ゴール7「エネルギーをみんなに そしてクリーンに」），雇用（ゴール8「働きがいも経済成長も」），技術革新（ゴール9「産業と技術革新の基盤をつくろう」），まちづくり（ゴール11「住み続けられるまちづくりを」），生産と消費（ゴール12「つくる責任，つかう責任」），気候変動（ゴール13「気候変動に具体的な対策を」）への対応が大切であるという結果になった（**図表2−8**）。気候変動対策に関わりの深い要素である再生可能エネルギーへの移行や，事業者としてのこれまでの生産方法から持続可能な生産への変革，企業で働く人々や企業が活動するまちや場所等と関係するゴールが挙げられている。

図表2−8　SDGs各ゴールに対するリスクとチャンスの認識

・産業・雇用・気候変動に関連するゴール（ゴール7，8，9，11，12，13）のリスク認識が高く，SDGsに取り組んでいる企業と取り組んでいない企業との差も大きい傾向にある。

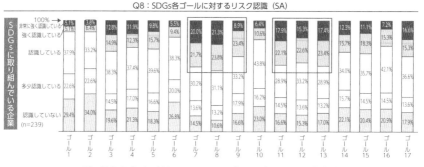

観光産業（旅行業＋宿泊業）のSDGs各ゴールへのリスク・チャンスの捉え方をみると，SDGsにすでに取り組んでいる企業で集計すると「リスク」「チャンス」ともに，まちづくり（ゴール11「住み続けられるまちづくりを」），生産と消

費（ゴール12「つくる責任，つかう責任」），気候変動（ゴール13「気候変動に具体
的な対策を」）への対応は全業種と同様に大切であるとの評価に加えて，観光地
と深く関連する海（ゴール14「海の豊かさを守ろう」），陸や森林（ゴール15「陸
の豊かさも守ろう」）にリスクとチャンスがあるとの認識を持つ企業が多い結果
になった（**図表2－9**）。気候変動対策に関わりの深い要素である再生エネル
ギーへの移行や，事業者としてのこれまでの使い捨て等も含む大量生産・消費
のサイクルから持続可能な生産への変革，企業で働く人々や企業が活動するマ
チや場所等と関係するゴールが挙げられている。全業種と比較して，環境
（ゴール6「安全な水とトイレを世界中に」，ゴール13「気候変動に具体的な対策を」，
ゴール14「海の豊かさを守ろう」，ゴール15「陸の豊かさを守ろう」），平和と公正
（ゴール16「平和と公正をすべての人に」），パートナーシップ（ゴール17「パート
ナーシップで目標を達成しよう」）が全業種よりも高い傾向となっている。一方
で，雇用（ゴール8「働きがいも経済成長も」）や技術革新（ゴール9「産業と技術

図表2－9　観光セクターのSDGs各ゴールに対するリスクとチャンスの認識

・観光産業（旅行業および宿泊業）のSDGsのリスクとチャンスの認識を見ると，観光ビジネスに関連
するまちづくり，気候変動，環境保護ゴールは「強く認識している」割合が高い。

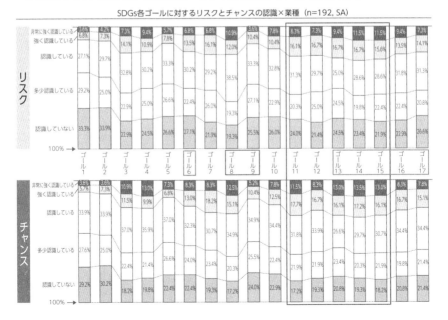

革新の基盤をつくろう」）に対するリスクやチャンスの認識が全業種と比べて低い。

　このように観光産業のステークホルダーは観光資源に深く関連する都市や陸や海の自然に関連した取組みを通じたSDGs達成への貢献や影響を重要視していることがうかがえる。観光と関わりの深い地域は，地域住民に加えて旅行者・訪問者が創出する消費や活動を，その地域のサステナブルな地域へと変革していくチカラとして活用できる可能性を示している。その地域が創出・発信する価値観をいかにサステナビリティ軸と関連させて住民・訪問者・事業で再デザインしていくのか。未来の日常で実践されるべきサステナブルなライフスタイル（世界や地域におけるマイナスの影響をできるだけ削減し，プラスの影響を最大化する，あるべき・目指すべきライフスタイル）を地域の価値観に寄り添いながら考え，観光市場のチカラを活用し，サステナブルなライフスタイルを創り上げていく。発地で市場との流通・販売を担う存在から地域に根ざした価値を踏まえ，サステナビリティ軸のインフルエンサーとして観光事業者がより良い社会づくりに不可欠な存在となるよう事業構造を再デザインすることも重要だ。

　加えて，さまざまな業界のサービスを集積させ観光体験として高付加価値化することが観光産業の特性である。SDGs達成にむけ「パートナーシップ」を特定分野や特定地域でリードしていく存在へと自社事業専業や代理媒介事業から転換していくことで，観光産業のステークホルダーは地域や市場にとっての存在価値を示すこともできるだろう。

　個別に関心の高い目標を見ていくと，観光産業は他業種と同様に気候変動への対応や衛生対策や業務効率化のために有効活用されてきた使い捨て製品等の見直しによる廃棄物の削減等と関連するゴールに関心が高い。日本の観光セクターが他業界と同様にサステナビリティへ向かおうとの意欲が見られる明るい兆しであると捉えて良いだろう。一方で観光産業の大切な資本となる雇用や人材育成や技術革新に関する関心が低いことは，労働集約型産業として発展してきた観光産業の今後の大きな課題を示している。2022年現在，世界各国ではコロナ禍で業界外に観光人材が流出しており，人材不足が深刻な問題となっている。現場でお客様をお迎えする人々が提供する「ヒューマンタッチなホスピタリティ」なしに，観光の高付加価値化は実現しない。観光セクターは対人的な

基礎的な対応ができれば，どのような人でも平等に，「働く人」として包摂する草の根の「雇用の揺りかご」でもある。誰もが安心・安全を感じながら，働きやすい職場を創っていくことが観光事業の基本的なインフラであることを忘れてはならない。特定のノウハウがないと働けないような環境があるのであれば，技術革新のチカラを活用して改善していくことが重要であり，より多くのお客様にホスピタリティをお届けするためには事業効率化の推進は避けて通ることはできない。直接お客様に接しないバックヤード業務や単純労働のデジタル化やデータ活用等を技術革新と連携した再デザイン等をしていくことで，人材への労働分配率も高まっていく。技術革新を進めながら働きがいのある労働環境を整備していく労使関係の構築も今後の観光産業の持続可能な発展にとって大変に重要だと考える。

5　SDGsに取り組む上での課題

　SDGsに取り組むとは，どういうことをしたら良いのか？　現役のコンサルタントとしてお客様からよく聞かれる。確かに何をすればSDGs達成に貢献したことになるのか。政策推進者を読者として想定しているSDGsのターゲットや指標を一般人や民間の視点で読むと理解しにくいとよくいわれる。169のターゲットや232の指標を読んでも「官の目線」で描かれているのでさらに民間・一般市民の目線や業界目線で翻訳しなければならず難解となってしまうのだろう。SDGsに取り組む企業に対して現状の課題を聞いたところ，全体では「定量的な測定が難しい」が56.6%と最も多く，「社内の認識が低い（37.4%）」，「必要な人材が不足している（37.0%）」と続いた（図表2−10）。また自由回答においては「目標ごとの具体的な取組みが不明確」，「運用方法の策定と確立ができていない」，「中小企業における取組みは難しく，すぐには対応できない」，「社員に外国人が多く，（推進にあたって）一部言葉の壁がある」，「コロナ禍により事業が逼迫し，SDGsの大切さはわかってはいるが，時間や費用を割いて取り組むゆとりがない」，「目標への活動と足元業務との乖離がある」等のコメントがあった。

　この結果から見て取れるのは，「SDGsに取り組む具体的なメリットもわからないから要員も資金もアサインされず，定量化もできない。取り組んでも社内

図表 2-10　SDGsに取り組む上での課題

・SDGsに取り組む上での課題について，「定量的な測定が難しい」を回答した企業が56.6%と最多，新型コロナウイルス感染症の影響は11.9%にとどまる。

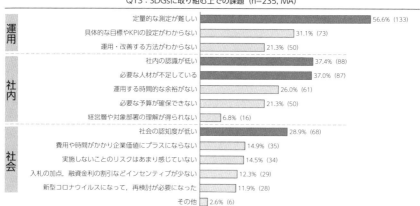

Q13：SDGsに取り組む上での課題（n=235, MA）

	課題	割合
運用	定量的な測定が難しい	56.6% (133)
	具体的な目標やKPIの設定がわからない	31.1% (73)
	運用・改善する方法がわからない	21.3% (50)
社内	社内の認識が低い	37.4% (88)
	必要な人材が不足している	37.0% (87)
	運用する時間的な余裕がない	26.0% (61)
	必要予算が確保できない	21.3% (50)
	経営層や対象部署の理解が得られない	6.8% (16)
社会	社会の認知度が低い	28.9% (68)
	費用や時間がかかり企業価値にプラスにならない	14.9% (35)
	実施しないことのリスクはあまり感じていない	14.5% (34)
	入札の加点，融資金利の割引などインセンティブが少ない	12.3% (29)
	新型コロナウイルスになって，再検討が必要になった	11.9% (28)
	その他	2.6% (6)

質問：
Q13. SDGsに関する取組みにあたっての課題についてお選びください（複数選択可）。

外にうまくコミュニケーションが取れる自信のない目標に取り組む時間はとれない」というのが，民間企業の現場の本音なのではないか。

　コロナ禍で事業が継続できない状況にある企業は，政府や自治体の休業支援制度等を活用し雇用を維持しながらも雇用保障をもらう枠組みを最大限に活用してきた。そういった面で要員は縮減しており，ニューノーマルへの対応の一環でもあるSDGsへの取組みを進められたのは基本的に大企業が中心であったと想定される。一方，中小企業であっても経営者のリーダーシップによって研修支援制度等も活用しながら自社のサステビリティの推進を進めている企業も存在している。この取組みの差は将来，企業間や業界間の競争力の差となって現れてくると想定されるが，本当に企業任せにしておいてよいのか。今後，グローバルで競争をしていく際にSDGsやサステナビリティへ対応できていない日本企業が多数いることの結果として外国企業との取引をせざるを得ないリスクも考えられる。人材不足や時間不足という問題については，観光セクターの従業員が休業・休暇期間中でも自己研鑽として無料で参加できるサステナビリティに関する研修機会の提供を，「運用する時間的な余裕がない」「予算がな

い」「具体的な目標やKPIの設定がわからない」という問題については，観光業界にこだわらず，取り組むべきサステナビリティ課題を議論するプラットフォームを設定し，ガイドラインや基準について議論・策定し，市場とコミュニケーションをとっていくことが肝要であると考える。その上では内閣府が提供している地方創生SDGs官民連携プラットフォームのような議論の場で業界横断的な意見交換を進めていくこと，そこで結実した議論を業界内外と連携して実践に移していくイニシアティブが大変重要になってくる。

6　SDGsへの取組みに対して期待する支援策

　前述の問題・課題を踏まえ民間組織が期待するSDGs達成への取組み促進につながる支援について企業の中にどのような期待があるのか聞いたところ，「SDGsに取り組んだ企業に対する認証，認定」が60.0％と最も多く，「SDGsに取り組む際に利用できる補助金（55.7％）」，「SDGsをテーマにした地域との連携（52.3％）」であった。また事業に直接繋がる「ビジネスマッチングの機会創出（35.7％）」や，「SDGsを活用したビジネスの策定の支援（33.6％）」等が３割強を占めており，具体的な事業成果につながる新しいビジネスモデル創出やパートナーシップ構築が行動の大きな動機につながることが示された（**図表２－11**）。

　多くの企業がSDGsへの取組みは本事業とは別ラインであり，これまでの社会貢献活動の延長線上で捉えられている傾向が強い。解決に向けては企業も自治体・政府も具体的に各業界が共感を持って正対できるSDGsテーマを決めて具体的な達成すべき価値創造モデルを考えるべきであろう。基本としてはSDGsの基本的な考え方である「誰一人として取り残さない」という精神の下に，自社あるいは自社が所属する産業界が自社商品やサービスを世界の人々に提供できる環境づくりにむけた努力をしているのかを検証すると良い。その上で自社と関係の深いステークホルダーや取組み分野を深め検証していくことが，取組みを深化させていく上では重要な準備となる。例で挙げれば「地産地消」というテーマに取り組むにあたり，先ずは「食を世界の人々に届ける」という環境づくりにどう努力してきたかを検証する。その上で，関係者である一次産業に属する農水畜産養殖業，それを加工する製造業，その販売を担う小売業や

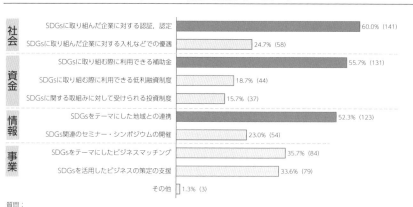

図表2-11　SDGsへの取組みに対して期待する支援策

・SDGsへの取組みに対して期待する支援策について，「取組み企業の認証・認定」が60.0%と最も多く，取組みに対する補助金，地域との連携がともに過半数で続く。

質問：
Q14.SDGsを進めるための支援策について，御社が期待するものをお選びください（複数選択可）。

提供する飲食業や宿泊業，マーケティングや集客を行う広告業や旅行業の役割や連携方法を議論していく。さらに踏み込んで「『地産地消』を促すために『新しい販売場所』を設置する」と考えれば不動産業や建設業や，そこまでの交通機関の運行等を考えれば運輸業等も関与する。SDGs達成に貢献するレバレッジポイント（起点）を自社の得意分野と関係するテーマから議論していくとより実践的な議論と取組みが進んでいく。

　観光産業においては，前述のリスクと機会について調査を踏まえると都市，中山間地，島嶼・海岸地域といった観光地を起点としたそこに暮らす人々や訪れる人々の活動との関連で事業機会があるとの結果が出ている。また旅行・観光の特性である非日常の体験の価値創出の視点からすれば，繰り返しになるが，日常のライフスタイルをサステナブルなライフスタイルへと進化させる機会の提供も重要だ。地方部においては「自然地域の保全や保護を通じた自然美を磨き上げていくこと」，「過疎地域への人流創出を通じた経済活性化」，「失われつつある有形無形の文化保全」等が挙げられる。都市部は人が集積する場所であり，人こそが最大の観光資産でもある。施設観光だけでなく「集積するヒトの

ンフラや能力とつながる価値を軸とした観光」等への無形資産の開発にも注目すべきだろう。観光の特性である人流と対話の創出を通じ，観光地を訪れる人々のチカラを地域に住む人々や事業者のチカラと連携させ，新たな価値やチカラを創造するビジネスモデルづくりへの転換が重要になっていく。

7　観光分野に対するビジネス上の期待

　コロナ禍を経て日本の企業は事業機会として観光産業に期待をしているのか。新型コロナウイルス感染症の影響前と後で観光分野に対するビジネス上の期待について確認をした。期待が「非常に大きい」と考える企業の割合は，コロナ禍を経て1.7ポイント増えたが，「小さい」「非常に小さい」割合の合計は13.4ポイント大きくなった。建設業，情報通信業，不動産業では期待が高まっており，観光関連（飲食業・宿泊業・旅行業）や，金融・保険業，不動産業，エネルギー関連の期待が大きい。観光セクター（旅行業・宿泊業・運輸業・飲食業）や製造業，金融・保険業，エネルギー関連産業の期待はコロナ前から低下している（**図表2－12**）。

　新型コロナウイルス感染拡大を防ぐために実施された人流抑制施策は観光分野への過度な期待感を淘汰した。その一方，コロナ禍で観光需要が止まる中，建設，不動産，金融業界は老朽化した観光・宿泊施設の改修や改築，観光地の再デザインによるサステナブルツーリズムへの対応，事業再編を促す投資が活発になっていくことを期待していると考えられる。また観光事業者の脱炭素への対応が進んでいないことから，今後の再生可能エネルギー導入についても期待をしているようだ。加えて再生可能エネルギーの生産地としての地方部と観光を通じた連携も模索する動きも出ている。観光セクター（飲食，旅行，宿泊，運輸）は軒並み観光への期待度は下がっている。旅行業は事業の継続に向け，観光分野だけでなく自治体や企業のビジネスプロセスを支援する新しい領域への挑戦を考えている。旅行業がこれまでの観光産業で培った人の動きや流れをデザイン・管理・運営するスキルや，精算業務代行などのビジネス・プロセス・アウトソーシング業務（BPO業務）に，生き残りを賭けて取り組んでいる。

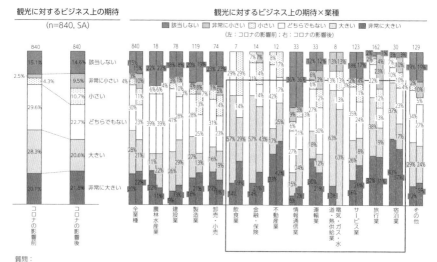

図表2-12 観光分野に対するビジネス上の期待

・観光への期待が「非常に大きい」割合は，コロナを経て1.7ポイント増えたが，「小さい」「非常に小さい」割合の合計は13.4ポイント大きくなった。

質問:
Q35. 観光分野に対するビジネス上の期待について，新型コロナウイルスの影響前と後で，それぞれお答えください。

8　観光のトピックスに対する関心

　SDGsの17番目のゴールは「パートナーシップで目標を達成しよう」である。観光はさまざまな事業者が連携する機会や場所を提供する。企業は事業活動を進める上で，どのような観光関連トピックスや取組みに関心が高いかをリスクとチャンスの観点から確認した。「地域振興プロジェクト」と「ホスピタリティ」が当面のリスクでありチャンスでもあるとの認識であった。当面のリスクとして認識されているトピックの上位4つは高い順から「地域振興プロジェクト」，「ホスピタリティ」，「キャッシュレス」，「産業観光」となった。将来のリスクとして認識されているトピックスの上位4つは，高い順から「地域振興プロジェクト」，「キャッシュレス」，「シームレストラベル・コンタクトレス・顔認証」，「ワーケーション」の順となった。一方で，当面のチャンスとして認識されているトピックスの上位4つは，高い順から「地域振興プロジェクト」，「ホスピタリティ」，「キャッシュレス」，「日本文化」となった。将来のチャン

スとして認識されているトピックスの上位4つは，高い順から「地域振興プロジェクト」，「環境ツーリズム」，「インバウンド」，「ヘルスツーリズム」となった（**図表2－13**）。

　地域振興プロジェクトがリスクもチャンスも唯一過半数を超えていることは，地方部の地域活性化に観光が大きな役割を果たしていると多くの企業が共感していることを示している。またホスピタリティがリスクとして捉えられている点としては，コロナ禍における研修機会の減少や観光セクターの労働力の他産業への流出による労働力不足などが考えられる。キャッシュレス対応についてはバーコード決済などの新しい決済ツールの導入の遅れ等への対処リスクを懸念する一方，支払方法の多様化への対応により新しい市場へのアクセス増や，観光業界のキャッシュレス化によりビジネスチャンスが増えると考える企業も多いことがうかがえる。産業観光はコロナ禍で工場ラインが止まる，あるいは衛生の観点によって外部からの訪問者を受け容れることをいったん見合わせていることで工場見学などの機会が提供できない環境によるものだと想定される。

図表2－13　観光のトピックスに関する関心

- 地域振興プロジェクトへの関心が最も高く，「関係ある」割合が唯一過半数を超えた。
- インバウンドへの当面の見通し不安，将来への期待は高い。観光事業のスタイルの変革への取組み（産業観光，IR，環境，ヘルス，地域振興，日本文化，MICE，ワーケーション）

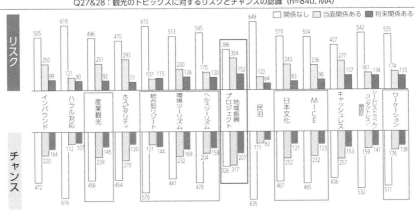

Q27&28：観光のトピックスに対するリスクとチャンスの認識（n=840, MA）

質問：
Q27. 近年，下記のような観光を取り巻く様々な動きがあります。こうした動きに対して，御社のビジネスにとって当面（2021年～2022年までの間）または将来において，リスクとして捉える項目にお答えください（複数回答可）。
Q28. 近年，下記のような観光を取り巻く様々な動きがあります。こうした動きに対して，御社のビジネスにとって当面（2021年～2022年までの間）または将来において，チャンスとして捉える項目にお答えください（複数回答可）。

　また将来のリスクに挙げられた「シームレストラベル・コンタクトレス・顔認証」は，チェックインやチェックアウト時の認証や精算，部屋のロック等を含むセキュリティのデジタル化等への投資がまだ対応できていないことが想定される。「ワーケーション」については滞在箇所のデジタル化やセキュリティ対応などが十分でないことや，リモートワークの推進の一環として考えれば，都市部でのオフィスを軸とした人流で事業を展開してきた企業にとってはリスクとして捉えられているのだろう。

　「日本文化」がチャンスとして挙げられていることは，日本企業が今後，文化に関連した事業や活動に取り組んで行きたいと考えている現われでもある。有形無形の文化財や文化遺産を有効に利活用しながら，その保全や次世代への継承に企業を積極的に巻き込んでいく仕掛けを整備していくことが大切だ。特に大学や博物館・美術館・郷土資料館等の知的・人的資源との連携は積極的に進めていく必要がある。

　将来のチャンスの上位に「環境ツーリズム」が入っていることは注目だ。「環境ツーリズム」の定義は，まだ定まったものはないが主に二酸化炭素排出量の少ない運営，自然環境保護や，生物多様性・生態系保全につながる体験や教育が含まれているプログラムなどが想定される。またインバウンドも中長期的に見れば回復するとの見解が示されたことは，訪日旅行市場3,000万人時代への回帰とさらなる成長にむけ，今から人材や施設などの準備が必要であることを示唆している。

9　会社活動による社会貢献について

　SDGs時代において地域社会に企業はどのように貢献をしようと考えているのだろうか？　各企業のSDGs達成への貢献を観光業界は支援することはできないものだろうか？　企業がSDGs達成に貢献すべくどのような考えを持っているのか確認をした。「地域経済への貢献（78.6％）」が圧倒的に高く，続いて「自然環境保全や配慮（38.1％）」，「人材の育成のための支援（37.7％）」，「健康増進のための取組み（37.4％）」，「地産地消への取組み（32.1％）」，「災害を防ぐための取組み（26.7％）」という結果となった。

　一方で「文化遺産の保全（13.3％）」，「技術革新の拡大（15.2％）」，「気候変動

への取組み（18.3％）」「ジェンダー平等（18.5％）」，「人流の創出・相互理解の促進（18.9％）」はいずれも20％以下となっている（**図表2−14**）。

　観光産業では「地域経済への貢献（82.0％）」と全業種平均を上回り，続いて「地産地消への取組み（41.6％）」，「自然環境保全や配慮（36.1％）」，「健康増進のための取組み（32.2％）」が上位につけ，下位には「技術革新の拡大（6.0％）」，「気候変動への取組み（15.9％）」「災害を防ぐための取組み（17.2％）」，「人流の創出・相互理解の促進（19.2％）」が20％以下となっている。

　全業種も観光産業も「地域経済への貢献」がこれだけの高い認識を持っている結果から，企業活動から創出される雇用，取引から創出される経済効果を地域経済活性化のために活用していくと考えている企業が多いことがわかる。地域雇用や地域内取引を促すネットワーク・プラットフォームの形成に観光関連産業が交流や出逢いの創出という観点で貢献ができる。「地産地消への取組み」は食を軸とした地域内取引の活性化に貢献する。地域内のフェスティバル等のイベント開催による地域店舗や農水畜産養殖業といった生産者の直売機会の創出や，地域事業者と生産者が連携した商品開発を進めるパートナーシップの機会を創る。このようなイベント等を起点とした消費者への認知機会を皮切りに

図表2−14　**会社活動による社会貢献について**

・「地域経済への貢献」が78.6％と圧倒的に多く，「自然環境保全や配慮」「人材の育成のための支援」「健康増進のための取組み」がいずれも4割弱で続く。

Q48：会社活動による社会貢献について（n=840, MA）

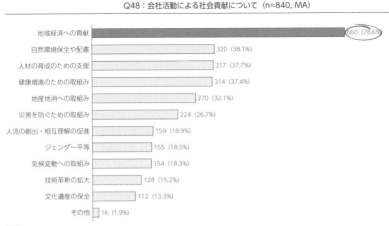

質問：
Q48. 御社の活動で以下に貢献できると考えている分野をすべてお選びください。

同地域の日常消費の地産地消を促し，最終的には地域ブランドとして打ち出すことも考えられるだろう。日本は輸入大国でもあり「地産地消」の地域で作られたモノだけを根拠にすべきでもなく，地域で作られたモノ，地域に継承される作り方で作られたモノ，地域に住む人たちが汗をかいて作ったモノといった3つの視点で考えていくと誰一人取り残さない考え方にも合致した地産地消の取組みとなる。

　「自然環境保全や配慮」についての取組み意向が高いことは，二酸化炭素排出削減への機運の高まりが追い風になっている。二酸化炭素排出を抑えるソリューションの導入，再生可能エネルギー源への移行，地域自体をゼロカーボン地域へと促していく支援，二酸化炭素の吸収源となる森林保全，廃棄物を少なくする企業活動，生物多様性を取り戻すため，野生動植物の生息域や生態系を守り・復活させていく生態系保護・保全等が取組みとして考えられる。また「人材育成」「健康増進」等への関与が積極的な点としては社業を通じた研修プログラムの充実や福利厚生制度の適用が基本となるが，地域の人々のスキルや能力の向上にむけて学ぶ機会を創出することや，地域の人々が集まって健康増進につながる活動を支援することが事業を営む地域の活性化につながると考える企業が多いと想定される。

　関与度が低かった社会貢献テーマについては押しなべて地域単独や企業単体で取り組むことが難しいテーマが挙げられている。地球全体で考えていくグローバルなテーマである「気候変動への取組み」「ジェンダー平等」や特定のルールやノウハウ・技術の後ろ盾がないと対応できない「文化遺産の保全」「技術革新の拡大」等は地域内だけでなく地域の内外との連携促進や他領域の専門家との知見連携等がないと進まない。外部との交流促進を促す役割を観光産業が果たしていくことで地域外との連携を活性化していくことが可能となる。観光関連事業者にとっても新しい事業機会につながっていくと考える。

　「人流の創出・相互理解の促進」が全業種・観光産業ともに関与が低いと示されたことだ。観光産業の創出する価値である人流と対話機会を創出することが全業界の中でも認知され，他業界にとって付加価値として認識されていくサイクルを創っていく努力を観光産業から経済界へ働きかけていくことも今後重要な取組みとなる。

10　今後の観光セクターのSDGs達成への貢献

　これまで考察してきた通り，日本の企業・民間団体によるSDGsやサステナ
ビリティへの取組みは15.1％と8割以上の企業がこれから取り組み始める状況
であり，まだスタートラインに立ったばかりだ。翻って解釈をすれば世界標準
であるSDGsの導入に取り組まなければならない企業・組織団体が数多く存在
することになる。全業種ではエネルギー（ゴール7「エネルギーをみんなに そし
てクリーンに」），雇用（ゴール8「働きがいも経済成長も」），技術革新（ゴール9
「産業と技術革新の基盤をつくろう」），まちづくり（ゴール11「住み続けられるま
ちづくりを」），生産と消費（ゴール12「つくる責任，つかう責任」），気候変動
（ゴール13「気候変動に具体的な対策を」）への関心が高いとの結果が出ているが，
母数を考えると，この領域に縛られる必要はないように考える（図表2－8）。
一方で観光産業が貢献できる領域は，まちづくり（ゴール11「住み続けられるま
ちづくりを」），生産と消費（ゴール12「つくる責任，つかう責任」），気候変動
（ゴール13「気候変動に具体的な対策を」）への対応は全業種と同様に大切である
との評価に加えて，観光地と深く関連する海（ゴール14「海の豊かさを守ろう」），
陸や森林（ゴール15「陸の豊かさも守ろう」）にリスクとチャンスがあるとの認
識を持つ企業が多い結果であった（図表2－9）。観光セクターのコンピタンス
（能力）が発揮できる陸と海の自然と関わる地方部において果たす役割への期
待は大変大きいことが明確になった。特に地域に縛られない旅行業者は，市場
のある発地での代理・媒介・取次業務といったリスクのない業務形態から，自
社が強みを発揮できる地域を見定め，自らの投資も含め地域の事業者と連携し
たランドオペレーター事業や着地受入型の事業への転換を検討すべきだ。
　個人の余暇需要に対しては単なる旅行者や訪問者の行楽要素だけでなく，地
産地消や地域製品の販売といった地域の活性化につながる連携や，より良いサ
ステナブルな暮しの実現につながる企業提案をタビナカ体験に織り込むことで，
訪問者が日常に戻った際のライフスタイルの変革に影響を与えることができる。
その企業販促の機会を観光事業者は付加価値として他業界へ提案をしていくべ
きだろう。
　法人需要については，法人が達成したい事業を支援していくスキームに観光

事業者が支援していくことも真剣に考えるべきことではないだろうか。2022年現在では多くの旅行会社がワクチン接種会場の人流を管理・運営する事業を，これまで培ったホスピタリティ能力を武器に，自治体が目指す住民へのより良いサービス提供の支援を行っている。安心安全な人流のマネジメント，国として進めなくてはいけないサステナブルなライフスタイルの変革機会の提供，住民・訪問者・事業者の交流から新しい付加価値を創造する協働等の支援も考えられる。旅から生まれたニーズは現在，さまざまに形を変えて，新しいビジネスを創造していることを観光に携わる私たちは理解しなければならない。

●注

(1)　本章の分析のもととなった立教大学と㈱JTB総合研究所が共同で調査した「観光産業におけるSDGsの取り組み推進に向けた組織・企業団体の状況調査」の作成には，JTB総合研究所　Temesgen Assefa主任研究員，カン イボ研究員の協力を得ている。

（参考文献）

立教大学・JTB総合研究所（2021）「観光産業におけるSDGsの取り組み推進に向けた組織・企業団体の状況調査」。

第 II 部

観光を取り巻く
３つの課題

行動心理からみた「アフターコロナ」の観光

1　人と移動

（1）人類は移動することで進化してきた

　約6万年前にアフリカで誕生したとされる人類（新人）は，ユーラシア大陸から，最終的にはアメリカ大陸の南端までの長い旅を経てきた。日本には，およそ3万8,000年前にたどり着いたものとされている。北へ移動した人びとは寒さに耐えながら住む場所を工夫し，南へ移動し海を渡る術を身につけた人びとは南洋の島々にたどり着いて定着した。人は移動しつつそれぞれの土地の環境に適応する努力をし，知識を蓄えることで進化しつつ生き延びてきた。

　現代の私たちも，地方から都会に出て暮らすことで刺激を受けて視野が広がり，改めて故郷の良さに気づくことができる。外国に旅行して，見知らぬ景色や人びとの暮らしぶり，住民との交流からさまざまな刺激を得ることができる。他を知ることは自らの暮らしの特徴に気づき，生まれ育った生活そのものを見つめ直す契機ともなる。現代社会においても，観光やビジネスで移動し交流することで，さまざまな刺激をえて思考をめぐらせることを繰り返しながら，私たちはより良い生活を手に入れてきたのである。

（2）「さすらいたい」と「よどみたい」という2つの志向性

　人が旅に何を求めるかによって，旅行の形態は異なってくる。英国の研究者グレイは，旅行の基本的な志向が2つの方向性をもつと考え，それらをワンダーラスト（Wanderlust）とサンラスト（Sunlust）と名づけた（Gray 1970）。

Wanderは "さまよい歩く"，lustは "〜を求める" という意味なので，ワンダーラストは，「異なる文化に接したり遺跡を訪ねるなどのために観光するタイプ」であり，先に述べた好奇心にもとづいて知識や見聞を広め，体験するタイプである。対してサンラストは，「快適さ・やすらぎなどを求めてそれにふさわしい地に一時的に移動するタイプ」である。これらの志向性が実際の旅行形態として発現すると，前者は「周遊型」，後者が「滞在型」の旅となる。つまり人はワンダーラスト＝「さすらいたい」とサンラスト＝「よどみたい」，この２つの志向性をもっていて，個々人でどちらかを好むかということも当然あるが，同じ人でも，旅行目的や旅行先によって，この２つの志向性に沿った旅行をしていることになる。

　なお，観光行動は，時間や費用などの個人的条件や生活習慣，社会情勢や旅行関連事業の影響などを受けてはじめて実現するので，志向性と実際の行動とを同列にみなすことができない点に注意を要する。グレイの考えは，厳密には，サンラストは滞在型のリゾートへの志向性を意味している。なお，ここで快適さ，やすらぎを求める場所の象徴として "sun"（＝太陽がふりそそぐこと）が用いられているのは，とくに冬場に曇天が続き，ビーチリゾートに憧れるヨーロッパの研究者ならではの発想であろう。

（3）旅行に出かける３つの動機

　「旅行に出たい」と思っても，経済的な条件や時間が確保できるかなどの条件が揃わないと観光旅行は実現しない。反対に，金銭面や時間的な条件が満たされていても「旅に出たい」という意欲がなければ，人は旅行に出かけようとは思わない。それだけではなく，旅行予定先で戦争やテロがあれば中止・延期したり，自身の健康状態や，家族が病気になった・同行者の都合が悪くなったというような社会的な条件にも左右される。このように，諸条件が揃うことで観光旅行が具体化することになるが，強い意欲があれば，貯蓄に励み時間もやりくりして出かけることになるので，やはり「旅行に出かけたい」という本人の動機は重要となる。

　時代を越えて認められる基本的な旅行動機には３種類ある（今井他 1969）。まずは，気分転換をしたい，わずらわしさから逃れたいなど，日常生活からの一時的解放を求める「緊張解除の動機」である。これにより，心身ともにリフ

レッシュし，再び日常生活で暮らす活力を得ることができる。2つ目は，人々との出会いや交流で，親睦を深めたい，常識として知っておきたい，皆が行くので一緒に行きたいというような，日常生活での人々との関わりあい，人間関係の維持にもつながる「社会的存在動機」である。実家への帰省はこの動機が色濃い，季節性をもった社会的行動である。3つ目は，未知の世界へのあこがれや好奇心といった，自身の成長や自己実現につながる「自己拡大達成動機」である。

　実際に人が旅行する理由をみると，これらの動機がクロスオーバーする場合も少なくない。近年盛んになっている社会貢献やボランティア目的の旅行は，主に自己実現にかかわる動機によるものであるが，実際には人とのつながり（社会的存在動機）に期待して参加する人も多い。

　先ほど紹介した「ワンダーラスト＝さすらいたい」と「サンラスト＝よどみたい」という2つの志向性との関係では，ワンダーラストは自己拡大達成動機と，サンラストは滞在型の観光地が人とのふれあいや交流の場となりやすいという意味において，社会的存在動機との親和性が高いといえる。また，日常生活の煩わしさから一時的に逃れたい，気分転換をしたい人たちは，周遊型・滞在型の旅行形態もとりうるので，「緊張解除の動機」については，双方の志向性に通じるものであるといえよう。

　このように観光は，人の根源にある2つの志向性を満たしうる社会的行動であり，移動することは社会の活力の源泉となる。2020年以降，新型コロナウイルス感染症が世界規模で急拡大したことで，私たち人類が移動や交流によって進化してきたこと，そして移動や交流なくして生きてゆくことが難しい生き物であるという事実を，改めて認識させられることとなった。かつてないほどに人の移動が容易となったグローバル社会となった現代はまた，ウイルスにとっては，増殖にきわめて好都合な時代であるといえる。

2　不安心理と観光行動

（1）新型コロナウイルス感染症による不安とストレス

　新型コロナウイルスの感染拡大は私たちの生活にさまざまな面で影響を与え

るることとなった。橋元（2020）らは，第1波（2020年3月）と第2波（同年4月）において，全国の15歳から69歳の男女を対象として新型コロナウイルスがもたらした心理的影響を調査した。この調査によれば，新型コロナウイルスの感染によって不安に感じていることについては，「収入の減少」，「運動不足」に次いで「なんとなく不安」を抱く人の比率が高かった（**図表3－1**）[1]。「なんとなく不安」という回答の背景には，テレワークやオンライン授業の推進等，通勤・通学に関するストレスがあるという。また，同調査の「現在ストレスに感じていること」の回答は，「自由に外出できないこと（65.6%）」「外食できないこと（52.1%）」「楽しみにしているイベントなどが中止になっていること（50.7%）」と，上位3位までが外出できない制約で占められていた。

図表3－1　新型コロナウイルスの感染拡大によって不安に感じていること

	全体	男性	女性
収入の減少	40.4%	41.7%	39.2%
自宅に長くいることによる運動不足	39.6%	33.4%	46.1%
なんとなく不安	35.4%	28.7%	42.5%
食料，生活必需品の入手	31.0%	27.4%	34.5%
規則正しい生活習慣が損なわれること	18.2%	12.8%	24.0%
病院に通院できないことによる健康状態の悪化	11.7%	9.9%	13.6%
子どもの学習時間の減少	10.7%	8.1%	13.4%
学校再開後の生活	9.4%	6.9%	12.0%
病院に通院できないことによる薬の入手	9.2%	8.8%	9.7%
会えないことによる友人・知人・恋人との関係の悪化	8.4%	6.6%	10.3%
自宅に長くいることによる情報不足	6.2%	5.4%	7.0%
家族関係の悪化	6.0%	4.2%	7.9%
遠隔勤務（テレワーク，リモートワーク）の時間の増加	4.2%	4.8%	3.5%
ゲームの利用時間増加による健康への悪影響	3.7%	2.6%	4.9%
遠隔勤務（テレワーク，リモートワーク），オンライン学習の増加に伴う情報機器操作のスキル	2.0%	1.9%	2.0%

（出所）橋元（2020）

2020年9月に実施された就業者に関する別の調査では，テレワークをするようになった就業者のうち，「テレワーク前にはなかった仕事上のストレスを感じている人」の割合が約6割（59.6%）であった[2]。この調査では，テレワーク

によって感じるストレス状況は，仕事中の「雑談」がストレス解消の鍵となっている可能性を指摘している。

（2）不安状況での消費と観光行動の特徴

　一般に，人は不安を感じ，先行きの見通しがはっきりしない時には，消費を促進し活発化させる側面と，行動一般を抑制し消極化する側面とがある（前田2005）。

　前者の例は「買い急ぎ行動」に典型的にみられるもので，今回の新型コロナウイルス感染が拡大した初期にも，マスクやティッシュペーパーなどが瞬く間に店頭から姿を消した。そのような行動をとる人は当初はごく限られたとしても，人は不安に感じると「今のうちに手に入れておかないと」という心理状態となる。さらに，商品のない棚の映像が繰り返し報道されることで，不安が増幅し，買い急ぎ行動が急速に広まってしまう。

　後者の「行動一般を抑制する」消費性向については，一般にはモノに対して顕著であり，行動に関しては，選択可能性の高い場合に予定の「中止」や「変更」が生じやすい。観光やレジャーは選択可能な行動の典型であり，大規模な自然災害後や今回のような場合には，自粛による「手控え行動」が広がることになる。

　不安な状況下の観光行動については，「行動計画の縮小（遠距離から近距離に，長期間から短期間に）」や，行動内容に関しては，新しい発見や出会いを求めるよりも，「知っているところ，安心できるところへ」という形での変更がなされる傾向が指摘されている（前田2005）。

　在宅勤務が広まると，とくに仕事に集中できるスペースが確保できない日本の都市部の住宅事情では，仕事と自由時間のメリハリがつきにくくなることと，先に紹介した調査結果にあるような外出できない制約等により，「緊張解除の動機」や「社会的動機」が満たされない状況が続き，ストレスを感じやすくなるものと考えられる。

3　新型コロナウイルス感染症がもたらす観光への影響

（1）回復段階で特徴的な観光行動

①　近場への小グループ旅行

すでに多くの識者から指摘されている通り，インバウンドの回復には時間を要し，まずは近場の旅行から回復してゆく。先ほど紹介した「行動計画の縮小」である。家族や小グループ単位であれば感染の可能性も限られ，不特定多数に接触する可能性の高い公共交通機関を使わずに，自家用車で移動できる範囲となれば，必然的に近場ということになる。

観光庁による「2019年　旅行・観光消費動向調査」によれば，新型コロナウイルス感染症拡大前の2019年の日本国内における観光消費額の総計は29.2兆円で，うち訪日外国人市場は5.4兆円と，近年急速に伸びてきたものの，全体の18.4％を占めるにすぎなかった。8割を超える観光消費は日本人客によるものであるから，まずは日本人による国内旅行を，その中でも近場から，ということになる。

なお，近場の観光地に目を向けることは，経済面での効果のみならず，人びとがこれまで見過ごしがちであった身近な地域にある観光魅力を（再）発見する機会となることで，感染収束後の観光レクリエーション利用の選択肢を増やす契機となることが期待される。

②　「なじみの宿」を訪ねる旅行

観光は，参加するか否か，参加する時期などを自由に選択できる行動なので，不安に感じる場合には「手控え型」が基本となる。風評によって特定観光地を訪れる予定を中止ないしは変更してしまうことは「風評手控え行動」とよばれている（前田 2005）。旅行の「対象地（行き先）」と「旅行時期」について，それぞれの変更可能性に着目すると，旅行者の風評手控え行動は4つのタイプに分類することができる（**図表3－2**）。

図表３－２ 旅行時期・対象地からみた「風評手控え行動」のタイプ

旅行時期 対象地	変更不可	変更可能
変更不可	タイプA	タイプC
変更可能	タイプB	タイプD

(出所) 前田 (2005) を参考に作成

　４つの旅行タイプを見比べた場合，風評の影響をより受けやすいのは，（対象地が変更可能な）タイプBとDである。対象地が決まっていて旅行時期が変更可能なタイプCは，もともと明確な目的をもって訪問を楽しみにしていた観光地が被災してしまったような場合で，このタイプは，訪問の見通しがたつまで「待つ」という選択がなされる。泉質が素晴らしい特定の温泉に行くために訪問時期を延期するような場合で，風評に影響されにくいタイプである。

　新型コロナウイルス感染症の影響がみられる間は，地震や火山噴火の場合のような，特定の地域が被災した後の「風評被害」とは状況は異なるものの，主人や女将の顔が思い浮かぶような「なじみの宿」を心配し，行くことを遠慮していた宿に，感染状況が落ち着いた頃を見計らって励ましに行く旅行は，タイプCと共通した心理にあるといえる。加えて，もともと計画してはいなかったものの，感染が広まってなじみの宿を心配し，落ち着いたら応援に行こうと思い始めたような，新たに生じた需要もあるはずである。

　なじみの宿は，不安状況下での観光行動の傾向として先に紹介した，新しい発見や出会いを求めるよりも「知っているところ，安心できるところへ」というニーズを満たす旅行先である。行き慣れた宿であれば，施設内のレイアウトも理解しており，そこでとられる感染対策も見通しが立つという意味で，観光客は「不安」を感じにくくなるといえる。

③　代替旅行

　今回の新型コロナウイルスの感染状況は世界的に時々刻々と変化しており，近い将来に日本人の海外旅行が解禁されることになったとしても，各国の感染状況や感染防止策をにらみながらとなるので，海外旅行やインバウンドの全面的な回復には，国内旅行の場合以上に時間を要するはずである。

　とくに，海外旅行に行き慣れた層にとって，その代替となる国内旅行先は有力な選択肢となる。都市部在住の人びとにとって，航空機を利用した移動と，自然環境や気候等の条件から，非日常性を感じやすい北海道と沖縄が，有力な旅行先として選択されやすくなると考えられる。

　なお，このような傾向はあくまでもこれまで旅行を積極的に行ってきた習慣を持つ層の動きである。もともと旅行に消極的な層や，本来であれば家族旅行，修学旅行等に行く予定であった生徒，海外旅行に行くことができなかった学生等，新型コロナウイルス感染症の影響で旅行機会を逸した若年層は数多いだろう。永山（2022）が指摘するように，市場への新たな「旅行好き」が細っているのであるから，本当の危機はコロナ後しばらく経ってからやってくることになる。こうした層に対して，今後どのように旅行意欲を刺激するかは，大きな課題である。

（2）首都圏の人口流動の変化と観光における「分散」の加速

　総務省による「人口移動報告」によれば，2021年は東京都への転入超過が5,433人と，現在の方法で統計を取り始めた2014年以降で最少を更新し，23区に限れば14,828人の転出超過と，初めて転出が転入を上回った。コロナ禍前は毎年5万〜7万人程度の転入超過だったので，人口流動の方向性が大きく変化したことになる。東京都からの転出先の上位は，横浜市，川崎市（神奈川県），さいたま市，川口市（埼玉県）と近隣県であるものの，移住先は群馬，茨城，山梨などに範囲が広がっているという[3]。

　こうした首都圏全体への「人口の分散傾向」がみられる中で，今回の感染の広がりを契機に近場の観光地への関心が高まれば「訪問地の分散」が期待されるし，リモートワークが広まる中で休暇の取り方が柔軟になれば「旅行時期の分散」が促されることになる。そうなれば近年問題視されてきたオーバーツーリズムは緩和され，人気観光地での週末やトップシーズンの集中度合いが平準化され，平日の稼働率が高まれば旅行費用も低廉化する。長期的にみれば，交通機関や宿泊施設にとっても歓迎すべき変化が期待される。

　また，ここ数年伸びが著しい訪日外国人旅行についても再考の好機である。日本政府観光局（JNTO）によれば，新型コロナウイルスが感染拡大する前の2019年の訪日外国人総数3,188万人のうち，中国（30.1％）を筆頭として，韓国

(17.5％），台湾（15.3％），香港（7.2％）と，東アジアからが70.1％を占めていた。2019年はラグビーワールドカップが開催され，欧米豪からは2018年の11.7％からシェアを伸ばしたものの，13.0％にとどまった。

　近隣諸国からの訪日外国人客が多くなるのは当然であるが，特定国からの入込みに頼ることは政情により大きく変動するリスクが大きい。近隣諸国に過度に依存しない「誘致国の分散」が，国の観光政策としても求められる。

（3）ICT技術の進歩と環境意識の高まりに伴う新たな観光

　災害が発生すると，過疎化している地域では過疎化が加速し，成長している地域では成長が加速する（林・鈴木編著 2015）。つまり災害・復興は社会のトレンドを加速させるのであり，新型コロナウイルス感染症も，基本的には同様の傾向が認められる。ワーケーションは，日本では2017年に企業では日本航空が，自治体では和歌山県が取組みを開始し，18年には国の関係省庁の資料に登場するようになり，19年にはメディアの注目が集まるなど，ICT技術の進歩に伴い成長が期待されていた時期であった（田中・石山 2020）。だからこそ，新型コロナウイルスの感染拡大後，ワークライフバランス（仕事と生活の調和）の見直しの取組みと相まって，導入が加速したと考えられる。

　SDGsへの意識の高まりの中で，観光地での環境配慮も急速に進みつつある。21年には，日光の「環境配慮型・観光MaaS」や国内初の国立公園ゼロカーボンパークに認定された乗鞍高原の取組みなどが始動した。これらは，観光地での移動や滞在の意識変化にとどまらず，持続可能な生活の実現に向けた先駆的な取組みとして，今後の展開が期待される。

4　コロナ後に求められる観光体験

　公益財団法人日本交通公社が2020年5月から6月にかけて実施した旅行意識調査の調査項目である「新型コロナウイルス感染症の流行が収束したら旅行先で最も行いたい活動」において，もっとも多くの回答者から選ばれたのが「温泉」（16.4％），それに次ぐのが「自然や景勝地の訪問」（13.1％）であった[4]。この結果は，ヒトが本来有する心理傾向を反映したもので，新型コロナウイルス感染症の影響で一時的に人気が高くなるということではなく，感染収束後，さ

らにニーズが高まる観光体験と考えられるので，本節で順に紹介することとしたい。

（1）温泉の多面的な効力

　温泉療法では，温泉地での入浴は，森林や高地高山などの環境因子，周辺の散策によって得られる運動因子などが，複合的な刺激となって身体に作用し，身体全体がバランスのとれた状態に調整していく"複合的調整作用"がある（日本温泉文化研究会 2011）。

　新型コロナウイルスの感染収束後に，もっとも多くの人が「温泉に行きたい」と希望する理由はそれにとどまらない。日本の温泉は，かつて人びとが集い，賑わいをみせてきた。温泉に集まった人たちは，宿の主人や同行者，現地で知り合った仲間と親交を深め，新しい出会いを楽しんだ。湯治場は，農閑期の人びとにとっての出会いや交流，社交の場として機能していたのである。

　ビジネスの場での「雑談」の有無が，ストレス解消の鍵となっている可能性についてはすでに紹介した。新型コロナウイルスの感染が収束してからも，多くの職種でリモートワークがなくなるとは考えられないことから，社会的動機を満たす出会いや交流の機会は，これまで以上に求められることとなろう。

　温泉はさまざまな意味において人々を惹きつけてきた。旅先は日常生活のしがらみとは無縁であり，温泉では，とくに入浴することの生理的効果やリラックスすることの解放感に加え，自由な雰囲気の中で楽しみの輪が広がったり，社交の場としての伝統もある。また，リラックスした環境の中で想像力・創造力が働くことは，多くの作家が行きつけの温泉宿に滞在して執筆活動を行ってきたことからも明らかである（浦西編著 2016）。人々をリフレッシュし，交流の場や，文字通り想像力・創造力の源泉ともなってきた温泉は，日本が誇る"大地の恵み"であり，人びとの活力源として，これからも欠かせない存在といえる。

　なお，本章の冒頭で，滞在型の旅行への志向性として「サンラスト型」を紹介した。「よどみたい」という志向性である。日本人の感覚としては，むしろ"月のあかりと温泉"にやすらぎ・くつろぎを感じることから，日本では「ムーンラスト型」と呼ぶほうが，より馴染みやすいと思われる。

（2）自然観光―緑や水にふれあう意味

　人口がすでに100万人を超えていたと推定される18世紀初頭の江戸は，当時ヨーロッパ最大の都市ロンドンをしのぐ規模で，とくに長屋暮らしの庶民は驚くほど密集して暮らしていた。しかし江戸には緑が豊富な社寺が多くあり，園芸も盛んであった。8代将軍吉宗が享保の改革の一環として隅田川堤や飛鳥山，御殿山などに桜を植樹したことで花見の名所も増えた。河川敷や浜辺も近かったため，江戸の庶民は花見以外にも，四季それぞれに摘み草，汐干狩，蛍狩，月見，虫聴，紅葉狩，雪見など，身近な自然を楽しんでいた（橋本 2008）。四季折々に自然を愛でる興味深い文化である。それと同時に，窮屈な長屋暮らしの庶民にとって，季節ごとに郊外の緑の空間や開放感のある水辺に出かけることが格好の気晴らしとなっていたという意味において，自然空間は江戸の活力を下支えしていた重要な存在であったといえる。

　橋本（2006）は，自然が緊張や怒り，ストレスを減じ，気分転換や活気をもたらして実際に疲労回復を早めるなどの効果をもつという近年の内外の研究を紹介した後に，緑を「眺める」ことによる効果，緑の中に「身を置く」ことの効果，さらには「（緑の中で一定期間以上過ごす）自然体験プログラムの教育的効果」に分類して紹介している。それによれば，自然は眺めることでさえも心理的にプラスの効果をもち，とくに緑の中で一定期間をすごす自然体験プログラムは，参加者に対して，生活全般に対する自信を増したり自然と人間との関係の認識に変化をもたらすなど，日常生活に戻ってからの心理にプラスの作用を与えることを指摘している。

　海から陸上に進化してきた私たちにとって，海や水辺も大切な存在である。名所絵や山水画でも水辺は画題として欠かせないものであり，レクリエーションの場としても，水辺が存在することはとても重要である。とくに旅先では，日常生活のしがらみから解き放たれる「緊張解除」という面も重要であり，日常生活では触れることのできないタイプの自然に触れられる機会でもある。

　このように自然環境は，さまざまなレベルにおいて心理的・生理的にプラスの効果をもつ。狭い路地に植木が並べられたり，オフィスを花で飾ったり水槽で熱帯魚を飼ったりするのも，生活環境に，無意識のうちに緑や水を取り入れ

ようとする心理が働いているものと考えられる。

　私たちが癒しを感じる社寺空間にしても，その多くは深い緑に包まれ，清水が湧くような場所に立地している場合が多い。リゾートも多くが緑と水に恵まれた立地にある。緑を求める心理は「心の内奥からこみあげる生得的なもの」とも指摘されている（河合 1990）。人類の歴史を振り返ってみると，永らく水や緑に慣れ親しんだ生活からの急速な環境の変化に，心も体も追いついていないのかもしれない。

　リモートワークの急速な普及によって，電磁波やブルーライトがもたらす眼精疲労や自律神経，ホルモン分泌等，心身への影響は，今後ますます深刻なものとなろう。ディスプレイに向かう時間が恒常的に増加すれば，より一層，自然にふれるニーズは増すことになる。そうした中でのエコツアー，とくに自然とのコミュニケーションの仲介役としてのインタープリターの果たす役割は，今後ますます大きくなるだろう。

5　五感を呼び覚ます観光体験

（1）歩く楽しみ

　観光旅行先での体験は移動手段が高速になるほど，そこで出会った人びとや周囲の環境との「コミュニケーション」は疎遠になってゆく。歩くことは感覚がもっとも鋭敏な移動であり，現地の自然や人びとと，もっとも密度の濃いコミュニケーションがとれる手段である。**4**で取り上げた自然観光も，主に歩きながら自然と対話することにその醍醐味がある。

　密度の濃いコミュニケーション，すなわち周囲の風景を味わいながら「そぞろ歩き」をする楽しみは自然の中に限られない。大正の初期，東京の人びとの生活や風景が大きく変貌してゆく中で，永井荷風は，せめて文章の中で古き良き東京のことを書き残しておかなければならないと感じ，書きとめた文章を発表した。『日和下駄』と題したこの随筆は，小さい頃から東京を歩いてきた荷風ならではの視点が章立てとなっている。

　具体的には，寺や樹（大樹），道端の地蔵や祠，坂，夕陽，富士山の眺望などで，いま読み返しても，歩いて楽しむために至極納得できる視点である。都

会では珍しくなった空の広さにしても，坂を歩くからこそ実感できるものだ。

　さらに重要な視点として「路地」がある。路地は共有地であるにもかかわらず，私物が置かれることが許容される空間である。多種多様な植物が育てられるほか，金魚鉢やビン，傘立て，自転車等々，住民の生活がにじみ出て変化に富んでいる。荷風は『日和下駄』の中で路地について「細く短しといえども趣味と変化に富むことあたかも長編の小説の如し」（講談社文芸文庫 1999，p.63）と述べている。

　台東区谷中界わいは，富士山の眺望こそ近年失われてしまったものの，今でも荷風の指摘するこれらの視点が楽しめる場所である。谷中には，生活の場としての路地に加え，個性的な店がみられる路地も多い。レトロ，アンティーク，アート，モダン…。谷中を歩いていると，観光客を惹きつけるキーワードがいくつも思い浮かぶ。モノクロ写真を撮りに来る若い世代も多いという。若者たちにとって，路地は生活体験と切り離された存在であり，前近代的な暗いイメージはないのだろう。路地に迷い込めば，見通しが利かないがゆえに視覚以外の感覚が呼び覚まされ，その先に何があるのかが気になり，先へ先へと誘われる。遊水池に流れ込むと水の流れも穏やかになるように，表通りから路地に入ると，人もゆっくりと歩くようになり，心地よい雰囲気を醸し出すことで，視覚のみに頼ることなく，路地は住民同士のみならず，店員，そして訪問客も含めて，人びとの交流が生まれる場となる。

　"歩く楽しみ"に満ちたヒューマンスケールの路地空間を散策すると，五感が刺激され，新たな発見の喜びがある。新型コロナウイルス感染症によって近場の観光地に目が向けられることになった。「そぞろ歩き」が楽しめることは，コロナ後にも引き続き観光客を集める重要な条件となろう。

（2）スローツーリズム

　時間をかけて楽しむ旅のスタイルは，「スローツーリズム」とよばれている。移動のスピードを落とすことで見えてくるもの，感じられることはたくさんある。ゆったりとした移動だからこそ，木漏れ日や風を感じ，道端の小さな花の美しさに気づき，時折聞こえてくる鳥のさえずりに耳を澄ませることができる。気のおけない仲間と歩けば会話もはずむ。自然は私たちの五感を解放する。ゆったりと移動することで，慌ただしい日常生活では近視眼的になりがちな思

考の地平を拡げ，自分を見つめ直すことができる。

　時間をかけて移動を楽しむ観光の例を1つ挙げよう。英国には運河のネット
ワークが張り巡らされている。産業革命時代に材料や製品の輸送で重要な役割
を果たした運河を復活させているもので，輸送船を牽いた運河沿いの馬車道を，
そのまま遊歩道としているところも多い（**図表3－3**）。英国人には，その運河
を数週間かけて，カナルボートとよばれる細長いボートを借りてのんびりとし
た移動することが，夏の休暇の過ごし方として人気が高い。観光客が体験でき
る短時間のカナルボートでさえ，木漏れ日の中をゆったりと移動し両岸に遊ぶ
水鳥を水面に近い視線から眺めたり，運河沿いで憩う人たちを眺めながら移動
するなど，爽やかで贅沢な時間を楽しむことができる。運河沿いの歩道を歩け
ば，カナルボートに乗っての体験を想像することもできる。まさに五感を駆使
して，周囲との密なコミュニケーションを可能とする移動手段である。

図表3－3　カナルボートと運河沿いの遊歩道（英国オクスフォード）

（出所）筆者撮影

（3）ウェルビーイング実現に向けた観光体験の可能性

　1948年に設立されたWHO（世界保健機関）は，設立に先立って健康の定義を

「健康とは，病気でないとか，弱っていないということではなく，肉体的にも，精神的にも，そして社会的にも，すべてが満たされた状態にあることをいう」としている（世界保健機関憲章前文，日本WHO協会訳）。文中の「満たされている状態」は原文ではwell-beingと表現されている。ウェルビーイングは，心身ともに健康な生き方を研究すべく20世紀末に誕生したポジティブ心理学のテーマでもあり[5]，SDGs（持続可能な開発目標）においても，17の目標の3番目に「Ensure healthy lives and promote well-being for all at all ages」（あらゆる年齢のすべての人々の健康的な生活を確保し，福祉を促進する）が掲げられている。多面的で満ち足りた幸福が継続すること，すなわち「持続的幸福度」を増大させることは，国際的な視野で重視される永年の課題であるといえる。

　旅行先での自然散策はプラスの感情の増進とマイナスの感情の緩和の効果をもつ（相澤・橋本 2011）。プラスの感情をもつことは，考え方の視野を広げ，避けがたい困難で生じたネガティブな心理状態からの回復力（レジリエンス）を高めることに寄与するという（小林 2021）。新型コロナウイルスの影響により移動・交流の制限やストレスを抱える人が増加しているからこそ，プラスの感情を増やして心身ともに健康な状態を維持してゆくことが求められている。

　新型コロナウイルス感染症の収束後も，感染者の後遺症やリモートワークの普及による生理的影響と心理的負担増が予想される中，安心できる宿での滞在を楽しむことや，リラックスした雰囲気の中でゆったりとした移動を味わうような観光体験は，これまで以上に求められることになろう。今後，ウェルビーイングの実現に向けて，観光体験がより重要な位置づけとみなされるようになることが期待される。

6　人類と感染症，そして観光

　人類は感染症との苦闘を何度もくぐり抜けて今に至っている。先人が感染症との苦闘を生き延びてくれたからこそ，今の私たちの生活があるのだ。私たちが日常生活の中で，そのことを意識する機会はほとんどないが，感染症との闘いの名残は歴史的，文化的資源として数多く残されている。ヨーロッパでは，ウィーンや，ブダペストをはじめ中欧にペストの犠牲者を悼むための供養塔がいくつもあり，慰霊のために建てられた教会も少なくない。日本でも，奈良の

大仏は天然痘の流行に心を痛めた聖武天皇が建造したものであり，京都の夏の風物詩である祇園祭も，疫病により多くの病人・死人が出たことで悪疫を封じ込む御霊会（ごりょうえ）を行ったことが始まりである。東京の隅田川花火大会も，その起源は，疫病に苦しめられた江戸庶民の供養と防疫祈願にある。

　私たちは新型コロナウイルス感染症の流行による「自粛生活」を強いられることで，芸術やスポーツ，観光などの文化活動が，私たちの暮らしにおいて，いかに精神的な豊かさや活力をもたらす重要な存在であるか，身をもって経験した。こうした「不要不急」と称された文化的な営みこそが，私たちのクオリティ・オブ・ライフを支えているのである。

　新型コロナウイルスの世界的な感染によって，私たちは自らの暮らしぶりや観光を見つめ直すことを余儀なくされた。近い将来，感染の不安から解放されることになったとしても，ICT技術の進歩は止まることはないだろう。その恩恵は多大であるが，それによってディスプレイに向かう時間が増え，「雑談」の機会が減少すれば，人々への生理的影響・心理的負担はさらに大きくなる。そうなれば，眼を休めてリラックスしたり自ら五感を駆使して体感するような観光体験は，本人が意識するか否かを問わず，今後，より一層ニーズが高まる。社会の変化が加速するほどに，私たちは，急速な環境変化の中で心身のバランスをとろうとする意識が本能的に働くものと考えられる。

　私たちの生きる力を高め，クオリティ・オブ・ライフを向上し，さらにはウェルビーイングの実現に向けて，観光のポテンシャルは大きい。それらを実現するためのニーズは，社会の変化によって新しく生まれたものへの対応に限られない。それらを見極めることで，ビジネスチャンスも広がる。また，本章で取り上げてきたような観光は，これからの時代に求められる「持続可能な観光」の実現という視点からみても，多くの示唆を与えるだろう。

　新型コロナウイルス感染症は，新たな社会の変革を促すとともに，観光の本質を見つめ直す機会を提供してくれた。その点に関しては，私たちは新型コロナウイルス感染症に「感謝」しなければならない。

●注
⑴　全国の15〜69歳を対象としたインターネット調査．調査実施期間は第1波2020年3月9〜16日，第2波2020年4月15〜17日。

⑵ 株式会社リクルートキャリア「新型コロナウイルス禍における働く個人の意識調査」。
2020年1月以降に企業に勤める正規従業員でテレワークを実施した人2,272名に対するイン
ターネット調査．調査実施期間は2020年9月26〜28日。
⑶ 日本経済新聞2022年1月28日「東京23区，初の転出超過」（有料会員限定記事）。
⑷ JTBF旅行意識調査「新型コロナウイルス感染症流行下の日本人旅行者の動向」2020年
8月。全国18〜79歳の男女に対する郵送自記式調査．調査実施期間は2020年5月20日〜6
月5日。
⑸ ポジティブ心理学の創始者であるセリグマン（2014）は，ポジティブ心理学のテーマは
ウェルビーイングであり，ポジティブ感情をはじめとする5つの尺度を測定基準として
「持続的幸福度」を増大させることがポジティブ心理学の目標であるとしている。

（参考文献）

Gray, H.P.（1970）International Travel-International Trade. Heath Lexington Books.
相澤孝文・橋本俊哉（2011）「自然観光が及ぼす心理的効果に関する研究－尾瀬国立公園に
おける自然散策を対象とした調査結果より」『立教観光学研究紀要』13：3-12.
今井省吾他（1969）『観光の心理分析』日本交通公社。
浦西和彦編著（2016）『温泉文学事典』和泉書院。
河合雅雄（1990）『子どもと自然』岩波書店。
小林正弥（2021）『ポジティブ心理学－科学的メンタル・ウェルネス入門』講談社。
セリグマン，M.（宇野カオリ監訳）（2014）『ポジティブ心理学の挑戦』ディスカヴァー・
トゥエンティワン。
田中敦・石山恒貴（2020）「日本型ワーケーションの効果と課題」『日本国際観光学会論文集』
27：113-121।
永井荷風（1999）『日和下駄』講談社文芸文庫。
永山久徳（2022）「三つ子の魂百まで」『週刊トラベルジャーナル』2022年2月14日号：3。
日本温泉文化研究会（2011）『温泉をよむ』講談社。
橋本俊哉（2006）「自然志向ツーリズム」前田勇・佐々木土師二監修，小口孝司編集『観光
の社会心理学』北大路書房：153-166।
橋本俊哉（2008）「江戸庶民の行動文化」『交流文化』7：24-29।
橋元良明（2020）「新型コロナ禍中の人々の不安・ストレスと抑鬱・孤独感の変化」『情報通
信学会誌』38（1）：25-29।
林良嗣・鈴木康弘編著（2015）『レジリエンスと地域創生』明石書店。
前田勇（2005）「災害と観光－復興過程における観光の役割と課題」『観光研究』17（1）：
36-43।

第4章 オーバーツーリズムを経験した 観光地のこれからを考える

1　住民の立場から観光を考える

　新型コロナウイルス感染症の拡大により，観光を巡る状況は一変した。それは，観光を行う者としての立場や観光に携わる事業者の立場だけではない。

　UNWTOは書籍「A Practical Guide to Tourism Destination Management」に持続可能な観光のためにDMOがなすべきことをVICEモデルとして整理している。VはVisitor，IはIndustry，CはCommunity，EはEnvironmentを指す。つまり，観光という現象は，観光客と産業，地域の観光資源に加えて地域住民の立場も含めてマネジメントされる必要があるということである。

　大自然の中を楽しむ観光でない限り，観光対象となる地域にはそこに居住する住民の生活がある。観光という移動行為は，地域外の人々が，そこに暮らす地域住民の生活環境に入り込むことを意味する。では，観光客を迎え入れる地域に居住する住民はどのように新型コロナウイルス感染症の拡大と観光との関係性を考えているだろうか。

　新型コロナウイルス感染症拡大，そして緊急事態宣言の発令や外出自粛などにより，観光は停滞し，観光客がほぼ来ない状況を我々は経験した。本章では，それが観光客を受け入れる地域住民にとって，何をもたらしたのかを考えることで，これからの観光を検討する材料を提示したい。

2 平成の観光史の概観

（1）観光を取り巻く環境の変化

　まず，新型コロナウイルス感染症拡大前の観光の状況を振り返っておきたい。少し時間軸を長く取り，1980年代後半から平成の観光史を概観したい。

　1980年代後半は国民の余暇の増加や対米貿易黒字から生じる貿易摩擦問題を緩和する目的で，国民の海外旅行促進や内需拡大が求められた時代であった。国は日本人の海外旅行者数を5年で1,000万人にまで増加させる「テンミリオン計画」を1986年に策定した。一般的に，観光政策は外貨獲得を目的として行われることを踏まえると，異例の政策といえよう。内需拡大については，総合保養地域整備法，いわゆる「リゾート法」が1987年に策定され，主に地方部でリゾート形成のための検討や計画策定が進んだ。

　こうした派手な観光政策を行うも，バブル経済の崩壊とともに観光をめぐる状況は変わっていった。円高基調は止まらず，日本人の海外旅行需要は増加し続けた。その一方で，国内旅行については伸び悩んだ。また，国民の旅行に対する価値観の変化により，従来型の温泉地では，稼働率が低迷したり，宿泊施設が廃業するなど，厳しい状況を経験した。

　一方，従来は観光対象とならなかったような地域が観光対象へと変わっていったのもこの時代である。グリーンツーリズムやエコツーリズム，文化観光など，各地域が有する固有の価値を生かした観光への需要が高まった。1992年に農林水産省がグリーンツーリズムの振興を図ることとし，1994年には「農林漁業体験民宿（農家民宿）」の登録が制度化されるなど，国としても新たな観光のあり方を支援する政策が展開された。

（2）観光まちづくりの希求

　上記の通り，平成時代に入り，観光の対象となる地域は変化した。従来型の温泉地が観光対象ではなくなったというわけではなく，むしろ多様化したという方が適切であろう。これにより，新たな観光地づくりの方法が求められた。温泉地などでは，従来は宿泊事業者や交通事業者による誘客活動が中心であっ

たが，施設の魅力のみでは誘客が困難になった。そのため，観光に関わる施設や事業者だけではなく，地域一体となった観光振興が必要となった。その一方，従来観光を必要とせず，地域づくりを展開してきた地域では，観光を手段とした地域活性化が必要となった。このように，地域と観光との関係は2000年前後に大きく変わり，「観光まちづくり」という言葉が生まれた。

　一般的に，観光とまちづくりはそれぞれ異なる目的を持ったものである。観光はその語源が「国の光を観る」とあるように，地域の資源を用いることを前提とし，地域外からの観光客を誘客することで，地域の経済的な効果を得ようとするものである。一方，まちづくりはその誕生の歴史的経緯からもわかるように，地域住民が健全な居住環境を求める運動であり，建築学会は「まちづくりとは，地域社会に存在する資源を基礎として，多様な主体が連携・協力して，身近な居住環境を漸進的に改善し，まちの活力と魅力を高め，「生活の質の向上」を実現するための一連の持続的な活動である」（日本建築学会編 2004）と定義している。

　地域を持続させる要素として，「地域社会」「地域環境」「地域経済」の３方向から考えると，観光とまちづくりの関係性がより明確になる。地域社会とは，地域に居住する住民の生活を指す。地域環境は，地域固有の歴史文化や自然などのことである。地域経済とは，雇用や産業のことを指す。観光は，主として「地域資源」を用いて「地域経済」を活性化させようとするものである。まちづくりは，「地域資源」を用い，継承させながら「地域社会」の改善を図るものである。つまり，観光には「地域社会」が含まれず，まちづくりには「地域経済」が含まれてこなかった。この２つの異なる要素が接点を持つ「観光まちづくり」は，観光に「地域社会」の視点を入れ，まちづくりに「地域経済」の視点を入れることを意味する。

　2000年当時の観光政策審議会答申では，次のような言葉が記されている。

　「観光客が訪れてみたい「まち」は，地域の住民が住んでみたい「まち」であるとの認識のもと，従来は必ずしも観光地としては捉えられてこなかった地域も含め，当該地域の持つ自然，文化，歴史，産業等あらゆる資源を最大限に活用し，住民や来訪者の満足度の継続，資源の保全等の観点から持続的に発展できる「観光ま

ちづくり」を，「観光産業中心」に偏ることなく，「地域住民中心」に軸足を置きながら推進する必要がある（観光政策審議会の2000年の答申）

　観光がまちづくりと結びつくことにより，産業ではなく地域住民主体で取り組むべきことという指摘が記されている。つまり，地域住民が主体となった観光のあり方を考える流れが2000年代に興隆したといえる。

（3）インバウンド政策の拡大と観光の経済的な可能性への注目

　円高によって増加傾向にあった日本人海外旅行者（アウトバウンド客）と，低迷する訪日外国人旅行者（インバウンド客）との人数の格差を是正することを目的として2000年代初頭に政府による観光立国宣言がなされた。その後，2007年に観光立国推進基本法の制定，2008年に観光庁の設置と続き，戦略的に観光政策が推進された。2010年代に入ると，査証発給要件緩和やLCCの台頭，免税制度の拡充などの要因により，インバウンド客は大幅な増加を見た。その結果，2013年に初めてインバウンド客数が1,000万人を超えたほか，消費額も年々増加していった。

　2014年に第二次安倍内閣によって地方創生を目指した政策が展開し，その重要な柱の1つとして，観光が位置づけられた。これにより，少子高齢化が進む地方で観光による地域活性化への期待がより高まった。国も「稼ぐ」観光を作り出すべく，顧客マーケティングと域内マネジメントを担うDMO（Destination Marketing/Management Organization）の形成に注力した。

　2016年には内閣総理大臣を議長とする「明日の日本を支える観光ビジョン構想会議」が「明日の日本を支える観光ビジョン」を策定した。観光庁という一省庁ではなく，全省庁レベルで観光の重要性が認識され，地方創生の柱として「稼ぐ」観光が強く意識された政策の方向性が明示された。インバウンド客の数値目標も大胆に設定され，2020年に4,000万人，2030年に6,000万人を目指すことが掲げられた。

　こうした政策のバックアップもあり，2016年に2,400万人だったインバウンド客はわずか3年後の2019年には約3,200万人に拡大するなど，急速な増加傾向となった。2010年代を振り返ると，2010年から2019年までの10年間で3.7倍ものインバウンド客が来訪することとなった。

（4）観光が与える負の影響の問題―オーバーツーリズム

　このように，日本は数値的に見れば順調にインバウンド客を増加させてきたのだが，国際旅行市場の拡大は日本のみではなく，世界的に顕著な現象であった。その背景には，中国人旅行市場の拡大や航空ネットワークの充実などが挙げられるが，観光客が増加した結果，世界中でさまざまな問題も明るみになった。たとえば，スペイン・バルセロナでは，観光客が旧市街に大量に押し寄せ，観光客向けに住宅を宿泊施設化する動きが相次いだ。それにより，居住空間の環境悪化へとつながり，自治体は宿泊施設の規制を行った。イタリア・ベネツィアでは，大型クルーズ船による多数の観光客の来訪や，観光客によるゴミのポイ捨てなどが問題化した。こうした現象を海外メディアは「overtourism」と称して問題視し，UNWTOや欧州議会などはその問題に対する解決策を提示するレポートを発表するなどした。

　こうした過度な観光客の来訪による地域への影響は海外だけでなく，国内にも伝播した。日本では古くから「観光公害」という言葉があるように，観光が持つ負の側面は認識されていたものの，国際的な論調とともに語られる「overtourism」という語には力があり，国内の観光地でも「オーバーツーリズム」が問題視され，メディアでの報道も加速した。

　たとえば，京都市では観光客が市民の足である公共交通を利用した結果，市民が利用できない事態が生じた。また，住宅を宿泊施設化する「民泊」の増加により，地域住民と観光客との間のトラブルも起きた。住民向けの商店が閉店や廃業し，そこに観光客向けのチェーン店が立地するなど，まさに海外の諸都市が経験したオーバーツーリズム現象と同じ問題も生じる事態となった。鎌倉市では，観光客の食べ歩きなどの行動が問題視され，条例によってマナー改善を図ろうとする政策も実施された。

　こうした中，観光庁でも2018年に「持続可能な観光推進本部」を設置し，レポート「持続可能な観光先進国に向けて」を公表するなどの取組みがなされていた。

（5）新型コロナウイルス感染症流行前の観光の概観

　以上の通り，新型コロナウイルス感染症流行前の観光をめぐる状況を概観し

た。大きくその流れを捉えると，平成時代に入り，従来の観光対象であった温泉地や自然景勝地といった地域に限らず，さまざまな地域が観光という手段を用いた地域活性化に取り組むようになった。その際に求められたのは，観光産業だけではなく地域一体となったまちづくりの手法であり，住民にとって望ましい観光のあり方を実現しようとする動きへと繋がった。

　2010年代以降，インバウンドの拡大や地方創生の柱として観光が位置づけられたことを契機として，観光を通じて稼ぐことが強調されてきた。その結果，インバウンド客数の大幅な増加や消費額の増大といった成果を得たものの，一方で過度な観光地化がもたらす負の影響が「オーバーツーリズム」という言葉とともに指摘されるようになっていた。

3　新型コロナウイルス感染症の流行とオーバーツーリズム

　2020年春から始まった新型コロナウイルス感染症の拡大により，観光は不要不急のものと捉えられ，人々の動きは一気に冷え込んだ。2020年 4 月には全国で緊急事態宣言が出され，住民すら出歩かないような状況となった。観光施設も閉館し，観光は全国的に停止状態であった。

　オーバーツーリズムによって生じていた問題も，新型コロナウイルス感染症の拡大とともに一挙に過去のものとなった。

　2019年まで多数の観光客が訪れ，住民の生活に悪い影響も与えていた地域にとって，この緊急事態宣言の発出とそれによる観光の停滞はどのような意味を持ったのだろうか。次のような疑問が想定できる。

- 新型コロナウイルス感染症の流行以前，オーバーツーリズムにより地域での生活に支障が生じていた住民にとって，観光客が皆無となることによって，生活環境の改善に繋がると感じたのではないか。
- 観光客が皆無となり生活環境が改善された経験から，住民は観光振興を不要とする意識になるのではないか。その一方で，観光産業従事者は観光振興をより強く求めるため，観光振興に対する地域内での意識のギャップが生じるのではないか。
- 新型コロナウイルス感染症の流行が収束した後，かつてオーバーツーリズムが

問題だった地域の住民は，観光客に訪問してもらいたいと思うのだろうか。

4　オーバーツーリズムを経験した地域に居住する住民の緊急事態宣言後の観光に対する意識調査の実施

（1）調査概要

3に述べた仮説を検証するため，筆者は2020年7月にインターネット調査を実施した（**図表4－1**）。京都市，鎌倉市，川越市，金沢市在住の住民を対象として，新型コロナウイルス感染症流行前後の住民の観光に対する意識の変化の

図表4－1　調査概要

性別・年齢		20歳以上，学生以外の男女
居住地		京都市，鎌倉市，川越市，金沢市
スクリーニング要件	観光との接点（右の7項目のうち少なくとも1つに該当することを条件）	・居住地周辺や日常生活圏は，観光客が訪れる有名な施設やエリアに比較的近い
		・居住地周辺や日常生活圏に，観光客が滞在するホテルや民泊（airbnbなど）が3軒以上，近くにある
		・居住地周辺や日常生活圏に，観光客向けの店舗（土産物店や飲食店など）や観光客が訪れる美術館・博物館等の施設が近くにある
		・居住地周辺や日常生活圏で，観光客が歩いているのをよく見かける（新型コロナウイルスの影響以前）
		・観光客が訪れる市内のエリアや有名な施設およびその周辺を比較的よく訪問する
		・宿泊施設や土産物店，飲食店など，観光客を顧客とする仕事に就いている
		・日常的に観光客と接する機会がある（新型コロナウイルスの影響以前）
調査時期		2020年7月9日～13日
配布・回収方法		（株）インテージによるWebアンケート
回収サンプル数		1,463サンプル（京都市367，鎌倉市368，川越市373，金沢市355）

（出所）西川（2021）より作成（以下，図表4－2～図表4－12，図表4－14および図表4－15に同じ）

実態を明らかにした。なお，オーバーツーリズム期と新型コロナウイルス感染症の流行による生活への影響の比較を行うものであるため，回答者は日常生活で観光と何らかの接点を有してきた者に限定する。対象とする4市はいずれも観光地として著名だが，すべての住民が観光と接点があるとは限らないため，図表4－1のスクリーニング条件を定め，その上で調査を実施した。

　分析にあたっては，「宿泊施設や土産物店，飲食店など，観光客を顧客とする仕事に就いている」「主に観光客向けの事業をしている，あるいはその従業員」「顧客の半数程度が観光客である事業をしている，あるいはその従業員」，職業が「宿泊業」「観光・レジャー施設」「土産物店」のいずれかに当てはまる回答者を「観光関係者」，それ以外を「観光非関係者」とし，その両者による意識の比較を行う。なお，回答者の比率は，観光関係者が8.6%，観光非関係者が91.4%である。

（2）アンケート回答者の属性

　本調査は，日常生活で観光と何らかの接点を有してきた者に限定している。インターネット調査の特質上，当該調査対象者の出現率が不明であったため，事前に性年齢別のサンプル割当はしていない。得られた回答の回答者と対象市の性年齢別構成を比較すると，いずれの市も男女40-50代比率が回答者のほうが高い。また，web調査ではあるが，60代比率も高い傾向にあり，20-30代や70代以上の比率は少ない（図表4－2）。

（3）オーバーツーリズム期の観光に対する意識の傾向

①　オーバーツーリズム期の観光意識

　オーバーツーリズム期に，観光振興を必要と感じていた比率は，観光関係者の方が高い傾向にあるが，「とてもそう思う」「そう思う」を合計した比率は観光関係者・非関係者とも7割を超えている（図表4－3左）。このことから，観光に直接的な関係のない住民でも，観光振興の必要性を感じていたことが窺える。オーバーツーリズム期の観光客数が多いと感じたかどうかについては，「とてもそう思う」とする比率が観光関係者も観光非関係者も3〜4割程度であり，「そう思う」とする比率を合計すると，約8割に達する（図表4－3右）。

図表4-2　回収票の性年齢別構成比

	京都市		鎌倉市		川越市		金沢市	
	人口比率	回答者	人口比率	回答者	人口比率	回答者	人口比率	回答者
男性20-29歳	7%	1%	4%	0%	6%	1%	6%	1%
男性30-39歳	6%	4%	5%	2%	7%	4%	6%	6%
男性40-49歳	8%	7%	9%	9%	9%	15%	9%	15%
男性50-59歳	7%	18%	8%	22%	8%	17%	7%	16%
男性60-69歳	6%	15%	6%	17%	6%	17%	6%	9%
男性70歳以上	13%	7%	14%	10%	14%	4%	13%	4%
女性20-29歳	8%	3%	4%	1%	6%	4%	6%	5%
女性30-39歳	6%	10%	5%	4%	6%	8%	6%	8%
女性40-49歳	8%	12%	9%	11%	8%	12%	9%	13%
女性50-59歳	7%	13%	8%	9%	7%	11%	7%	14%
女性60-69歳	6%	7%	7%	9%	6%	6%	7%	7%
女性70歳以上	18%	4%	20%	6%	16%	2%	17%	3%

図表4-3　オーバーツーリズム期の観光に対する意識

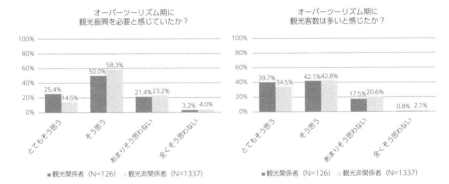

オーバーツーリズム期に
観光振興を必要と感じていたか？

オーバーツーリズム期に
観光客数は多いと感じたか？

■観光関係者（N=126）　□観光非関係者（N=1337）

②　オーバーツーリズム期の観光による正負の影響

　オーバーツーリズム期に，観光によるプラス・マイナスの影響を受けていた比率を見ると，観光関係者の方が良い影響も悪い影響も受けていた比率が高いことが窺える。逆にいうと，観光に直接的に関係しない住民は，良い影響も悪い影響もあまり受けていないことが示されている（図表4-4・4-5）。

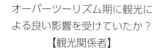

図表４－４ オーバーツーリズム期に良い影響を受けていた比率

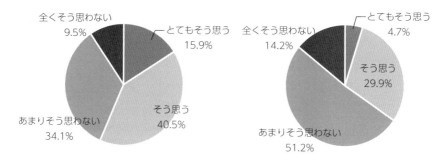

オーバーツーリズム期に観光に
よる良い影響を受けていたか？
【観光関係者】

全くそう思わない 9.5%
とてもそう思う 15.9%
そう思う 40.5%
あまりそう思わない 34.1%

オーバーツーリズム期に観光に
よる良い影響を受けていたか？
【観光非関係者】

全くそう思わない 14.2%
とてもそう思う 4.7%
そう思う 29.9%
あまりそう思わない 51.2%

図表４－５ オーバーツーリズム期に悪い影響を受けていた比率

オーバーツーリズム期に観光に
よる悪い影響を受けていたか？
【観光関係者】

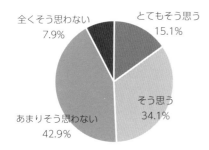

全くそう思わない 7.9%
とてもそう思う 15.1%
そう思う 34.1%
あまりそう思わない 42.9%

オーバーツーリズム期に観光に
よる悪い影響を受けていたか？
【観光非関係者】

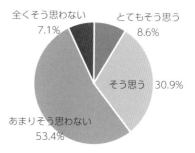

全くそう思わない 7.1%
とてもそう思う 8.6%
そう思う 30.9%
あまりそう思わない 53.4%

　具体的にどのような影響を受けていたのかを見ると（**図表４－６・４－７**），良い影響については，観光関係者・観光非関係者ともに街の賑わいを挙げる比率が最も多く，７割程度である。続いて，観光関係者は観光客による売り上げが自身の収入につながっているとする比率が高いが，観光非関係者は地域に対する愛着や誇りを選択する比率が高い。一方，悪い影響については，観光関係者・観光非関係者いずれも交通渋滞や混雑によって街中を歩きにくいといった

比率が6割を超えている。その他，公共交通の混雑やゴミの投棄などが挙げられている。

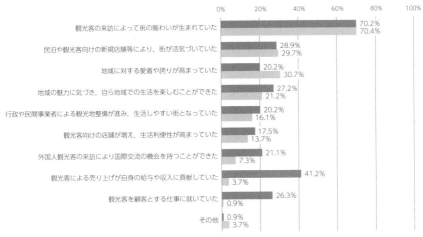

図表4－6　オーバーツーリズム期に受けていた良い影響の具体的内容

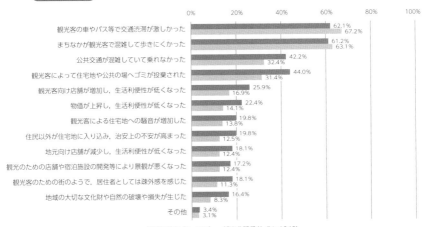

図表4－7　オーバーツーリズム期に受けていた悪い影響の具体的内容

③ 緊急事態宣言の経験を通じた観光に対する意識

続いて，緊急事態宣言によって，観光客が皆無となった状況を経験した結果，住民がどのような意識を持ったのかを見る。

生活上の変化については，観光関係者・観光非関係者いずれも静かな生活環境を取り戻したと感じる比率が最も高い（**図表4－8**）。オーバーツーリズム期に多数の観光客の来訪により，生活環境に悪い影響があったことが強く窺える。その一方で，観光客が減少したことによって街の賑わいが失われ，寂しくなったと回答する比率も高く，観光による正負いずれの影響もなくなってしまったのが新型コロナウイルス感染症の流行と緊急事態宣言が与えた変化であるといえる。また，観光関係者は，収入減や仕事への影響を述べている。

観光に対する意識は，観光関係者・観光非関係者ともに観光に依存する経済への不安や観光客が来訪することの重要性を認識しているが，いずれも観光関係者の方がその意識が高い傾向にある（**図表4－9**）。観光に関係しない住民の方が，観光への意識を持ちにくく，緊急事態宣言により観光客が皆無の状態を経験しても，特に何も意識を持たなかったという比率も観光非関係者の方が高い状況にある。

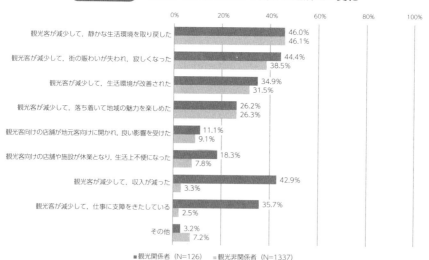

図表4－8 緊急事態宣言を通じて受けた生活上の変化

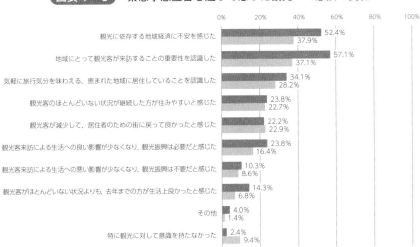

図表4－9　緊急事態宣言を通じて感じた観光への意識の変化

観光に依存する地域経済に不安を感じた　52.4%　37.9%
地域にとって観光客が来訪することの重要性を認識した　57.1%　37.1%
気軽に旅行気分を味わえる，恵まれた地域に居住していることを認識した　34.1%　28.2%
観光客のほとんどいない状況が継続した方が住みやすいと感じた　23.8%　22.7%
観光客が減少して，居住者のための街に戻って良かったと感じた　22.2%　22.9%
観光客来訪による生活への良い影響が少なくなり，観光振興は必要だと感じた　23.8%　16.4%
観光客来訪による生活への悪い影響が少なくなり，観光振興は不要だと感じた　10.3%　8.6%
観光客がほとんどいない状況よりも，去年までの方が生活上良かったと感じた　14.3%　6.8%
その他　4.0%　1.4%
特に観光に対して意識を持たなかった　2.4%　9.4%

■観光関係者（N=126）　■観光非関係者（N=1337）

④　新型コロナウイルス感染症収束後の観光に対する意識

　最後に，新型コロナウイルス感染症収束後の観光に対する意識を尋ねた（**図表4－10**）。観光振興の必要性については，観光関係者の方が「とてもそう思う」比率が高いものの，全体的に肯定的な意見を持つ割合は観光非関係者であっても8割弱と高い。

　ただ，将来の望ましい観光客数については観光関係者と観光非関係者で意見に相違が見られる（**図表4－11**）。観光関係者はオーバーツーリズム期以上あるいは同程度の観光客数を望む比率が5割弱に及ぶのに対し，観光非関係者はオーバーツーリズム期より少なく街が賑わう程度で良いとする比率が5割弱と高い。また，緊急事態宣言やその後の外出自粛期間程度の観光客数で十分だとする比率も，観光非関係者では2割弱も存在することには留意が必要であろう。

　新型コロナウイルス感染症収束後に望ましいとする観光客像について見ると（**図表4－12**），観光関係者・観光非関係者ともに，地域の歴史文化などの魅力を深く知ったり，体験してもらえる観光客を選択する比率が6割超と高い。観光関係者の方が，地域での消費額の多い観光客や買い物を目的とする観光客の訪問を期待する比率が高いものの，観光関係者であっても経済的な消費よりも地域固有の価値に関心のある客の来訪を期待しているという傾向は注目に値する。

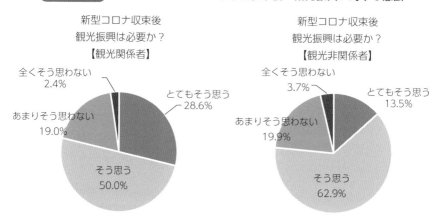

図表4－10　新型コロナウイルス感染症収束後の観光振興に対する意識

新型コロナ収束後
観光振興は必要か？
【観光関係者】

全くそう思わない
2.4%
とてもそう思う
28.6%
あまりそう思わない
19.0%
そう思う
50.0%

新型コロナ収束後
観光振興は必要か？
【観光非関係者】

全くそう思わない
3.7%
とてもそう思う
13.5%
あまりそう思わない
19.9%
そう思う
62.9%

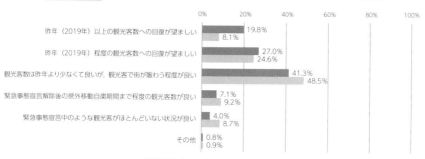

図表4－11　新型コロナウイルス感染症収束後の望ましい観光客数

	観光関係者（N=126）	観光非関係者（N=1337）
昨年（2019年）以上の観光客数への回復が望ましい	19.8%	8.1%
昨年（2019年）程度の観光客数への回復が望ましい	27.0%	24.6%
観光客数は昨年より少なくて良いが，観光客で街が賑わう程度が良い	41.3%	48.5%
緊急事態宣言解除後の県外移動自粛期間まで程度の観光客数が良い	7.1%	9.2%
緊急事態宣言中のような観光客がほとんどいない状況が良い	4.0%	8.7%
その他	0.8%	0.9%

■観光関係者（N=126）　■観光非関係者（N=1337）

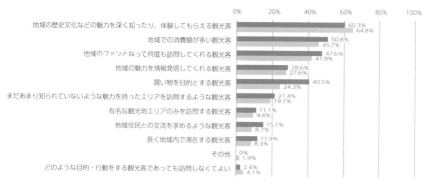

図表4－12　新型コロナウイルス感染症収束後の望ましい観光客像

	観光関係者（N=126）	観光非関係者（N=1337）
地域の歴史文化などの魅力を深く知ったり，体験してもらえる観光客	60.3%	64.8%
地域での消費額が多い観光客	50.8%	45.7%
地域のファンとなって何度も訪問してくれる観光客	47.6%	41.9%
地域の魅力を情報発信してくれる観光客	28.6%	27.6%
買い物を目的とする観光客	40.5%	24.3%
まだあまり知られていないような魅力を持ったエリアを訪問するような観光客	21.4%	19.1%
有名な観光地エリアのみを訪問する観光客	11.1%	9.4%
地域住民との交流を求めるような観光客	15.1%	8.7%
長く地域内で滞在する観光客	11.9%	8.3%
その他	0%	1.9%
どのような目的・行動をする観光客であっても訪問しなくてよい	2.4%	4.1%

■観光関係者（N=126）　■観光非関係者（N=1337）

（4）オーバーツーリズム期から新型コロナウイルス感染症流行後の観光 に対する意識の変化

　（3）では，オーバーツーリズム期，新型コロナウイルス感染症流行後の緊 急事態宣言発令に伴う観光に対する意識の変化，新型コロナウイルス感染症収 束後の観光振興に対する意識のそれぞれについて，その傾向を把握した。次に， それぞれの意識がどのような関係性になっているのかを把握する。

　オーバーツーリズム期の観光に対する意識と緊急事態宣言を経て感じた観光 への意識，新型コロナウイルス感染症収束後の観光に対する意識の関係性を見 るため，パス解析を行う。

　オーバーツーリズム期の観光に対する意識は，良い影響・悪い影響および観 光振興の必要性の認識，観光客数に対する意識から構成される。

　緊急事態宣言を経て感じた観光に対する意識は，肯定層・中間層・否定層の 3段階の連続変数を作成した。具体的には，「地域にとって観光客が来訪する ことの重要性を認識した」，「観光客来訪による生活への良い影響が少なくなり， 観光振興は必要だと感じた」，「観光客がほとんどいない状況よりも，去年まで の方が生活上良かったと感じた」のいずれか1つでも選択した場合に「観光の 必要性を認識」変数に「1」を立て，「観光客来訪による生活への悪い影響が 少なくなり，観光振興は不要だと感じた」，「観光客のほとんどいない状況が継 続した方が住みやすいと感じた」，「観光客が減少して，居住者のための街に 戻って良かったと感じた」のいずれか1つでも選択した場合に「観光の不要性 を認識」変数に「1」を立てる。「観光の必要性を認識」，「観光の不要性を認 識」のいずれも「1」となったり，いずれの変数も「1」が立たなかった回答 者は，中間層，「観光の必要性を認識」にのみ「1」が立った回答者は肯定層， 「観光の不要性を認識」にのみ「1」が立った回答者は否定層とみなした。

　新型コロナウイルス感染症収束後の観光振興に対する意識は，観光振興に対 する賛否および望ましい観光客数を変数とした。

　以上の変数を用いて，オーバーツーリズム期の観光に対する意識が緊急事態 宣言を経て感じた観光に対する意識および新型コロナウイルス感染症収束後の 観光振興に対する意識にどのような影響を与えたかを見るため，相関関係・因

果関係のパスを引き，SPSS Amos（ver.26）を用いたパス解析を行った。その結果，以下のパス図が得られた（**図表4-13**）。

このモデルはカイ2乗=4.134，自由度=2，有意確率=.127，GFI=.999，AGFI=.989，CFI=.999，RMSEA=.027であり，いずれの指標も，適合性の目安に適合するため，適切なモデルと判断した。

このモデルから，特に強い相関関係や因果関係が読み取れる点を挙げると，以下の通りである。

- オーバーツーリズム期に悪い影響を受けていたという認識とオーバーツーリズム期の観光客数が多いと感じる認識には正の相関関係がある。（パス係数0.414）
- オーバーツーリズム期に良い影響を受けていたという認識とオーバーツーリズム期の観光振興に対する必要性の認識には正の相関関係がある。（パス係数0.471）
- オーバーツーリズム期の観光振興に対する必要性の認識が高いと，新型コロナウイルス感染症収束後の観光振興の必要性の認識も高い。（パス係数0.472）
- オーバーツーリズム期に良い影響を受けていたら，緊急事態宣言を通じて観光を肯定的に捉えるようになる。（パス係数0.300）
- 新型コロナウイルス感染症収束後の観光振興の必要性を認識していれば，新型コロナウイルス感染症収束後に望む観光客数も多く，逆に新型コロナウイルス感染症収束後の観光振興の必要性を認識していなければ，新型コロナウイルス感染症収束後に望む観光客数も少ない。（パス係数0.340）

全体的に，新型コロナウイルス感染症流行前のオーバーツーリズム期の観光に対する意識と緊急事態宣言を経て感じた観光への意識，新型コロナウイルス感染症収束後の観光に対する意識は連続性を持って関係していることがわかる。

図表4−13 新型コロナウイルス感染症流行前・緊急事態宣言・新型コロナウイルス感染症収束後に対する観光意識の関係性のパス図

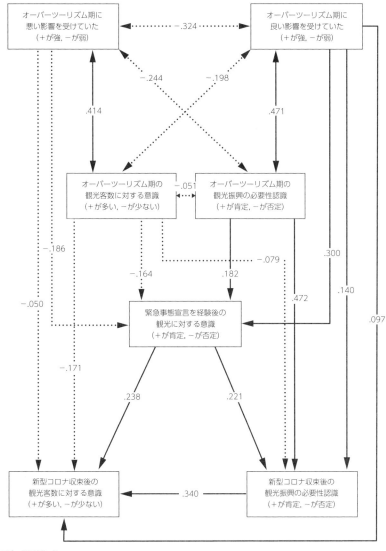

（出所）筆者作成

　次に本章の冒頭に述べた，緊急事態宣言の発出とそれによる観光の停滞がもたらすと想定される各事項について，検証を行いたい。

---

①　新型コロナウイルス感染症流行以前，オーバーツーリズムにより地域での生活に支障が生じていた住民にとって，観光客が皆無となることによって，生活環境の改善に繋がると感じたのではないか。

　パス図の通り，オーバーツーリズムにより悪い影響を受けていたと感じる人ほど，緊急事態宣言を経た後，観光に対する意識は否定的になる傾向が見て取れた。また，オーバーツーリズム期に観光により悪い影響を受けていたと感じる人ほど，新型コロナウイルス感染症流行によって観光客が皆無状態になったことで，静かな生活環境を取り戻したと感じる比率が高い（**図表4−14**）。

図表4−14　新型コロナウイルス感染症流行後の意識

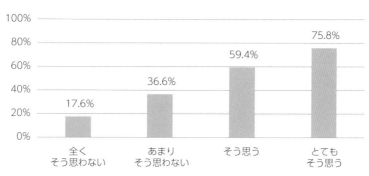

オーバーツーリズム期に観光により悪い影響を受けていたと感じるか

---

②　観光客が皆無となり生活環境が改善された経験から，住民は観光振興を不要とする意識になるのではないか。その一方で，観光産業従事者は観光振興をより強く求めるため，観光振興に対する地域内での意識のギャップが生じるのではないか。

図表4－15　新型コロナウイルス感染症収束後の観光振興への意識

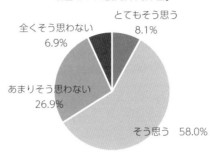

新型コロナウイルス感染症収束後
観光振興は必要か？
【緊急事態宣言を通して生活の質が
改善された観光非関係者】

全くそう思わない
6.9%

とてもそう思う
8.1%

あまりそう思わない
26.9%

そう思う　58.0%

　新型コロナウイルス感染症収束後の観光振興に対する意向は，図表4－10の通り，観光振興の必要性を「とてもそう思う」と回答する比率は観光関係者の方が高いものの，「そう思う」と回答する比率を合計した比率は観光関係者・観光非関係者いずれも75％程度と高い傾向にあった。

　緊急事態宣言を通して観光客が皆無になった結果，生活環境が改善されたと回答した観光非関係者に限って，新型コロナウイルス感染症収束後の観光振興に対する意識を分析した（**図表4－15**）。図表4－10と比較すると，「とてもそう思う」「そう思う」の比率は低く，観光振興に否定的な比率が増加しているが，それでも肯定的な回答は6割以上である。

　一方，図表4－10の通り，観光関係者のすべてが新型コロナウイルス感染症収束後の観光振興に肯定的であるわけではなかった。また，そもそもオーバーツーリズム期でも観光関係者のすべてが観光振興に肯定的であったわけではなく（図表4－3），観光による良い影響を受けていたわけではない（図表4－4）。観光振興の主体としての役割が期待される観光関係者の観光に対する意識が主体によってまちまちであることが示唆され，地域一体となった観光振興を目指す上では，観光に直接関係のない住民はもちろんのこと，観光に直接関係する事業者の観光に対する理解を促さなければならないといえる。

> ③　新型コロナウイルス感染症流行が収束した後，かつてオーバーツーリズムが問題だった地域の住民は，観光客に訪問してもらいたいと思うのだろうか。

　図表４－12の通り，観光関係者も観光非関係者も，地域の歴史文化などの魅力を深く知ったり，体験してもらえる観光客の来訪を望んでいることが明らかになった。2014年の地方創生の柱の１つに観光が位置づけられて以来，国や地方自治体では，「稼ぐ」ことに重点が置かれた政策が展開されたが，観光のベースにあるのは地域の個性の顕在化である。2000年代初めに「観光まちづくり」という語が生まれ，地域の宝を自慢するまちづくりのあり方が提唱されたが，改めてその原点に立ち返った観光を実践することが求められる。

5　新型コロナウイルス感染症収束後の観光に向けて

　本章では，新型コロナウイルス感染症拡大以前から現在に至る中期的な視点で地域と観光との関係性を論じた上で，新型コロナウイルス感染症流行による観光の低迷が地域に与える影響について，特にオーバーツーリズムが問題となっていた地域を対象に検討した。緊急事態宣言により観光客数が皆無という状態を経験したかつてのオーバーツーリズム観光地にとって，新型コロナウイルス感染症の流行というのは，ある意味ではオーバーツーリズムによって生じていたさまざまな問題を一蹴する機会になったともいえる。そして，それは，オーバーツーリズムが生じる前の平穏な生活環境を取り戻す機会になったともいえるが，アンケート調査の結果から窺えるのは，観光に直接の関係のない住民であっても，必ずしもこれからの観光振興に否定的な意見が多数であるわけではないという傾向である。観光振興がもたらす負の影響に対する懸念は大きいものの，正の影響を受けている比率も少なくなく，新型コロナウイルス感染症の流行という大きな変換点を経験した各観光地では，こうした観光に理解のある地域住民も巻き込んだ観光のあり方を検討する必要があるだろう。

　ただし，新型コロナウイルス感染症流行前のような過度に観光地化が進むような状況を地域住民は望んでいない。観光客数や経済効果などの数値目標ではなく，地域固有の価値を観光客に伝えられるような方策を望んでおり，改めて

観光の原点に立つ必要があるだろう。産業側としても，地域固有の価値を観光客に伝えることを前提に，それが利益へと繋がるような事業の実施が求められる。

　なお，新型コロナウイルス感染症による影響は，日々刻々と変化しているため，調査結果は調査時期を正しく踏まえた上で考察することが望まれる。本章で紹介したアンケート調査は2020年7月に実施されたが，その後も新型コロナウイルス感染症をめぐる状況は変わっている。重要なのは，こうした大きな変化を迎えた状況下では，根拠となる客観的なデータを定量的・定性的に把握した上で今後の観光を考えようとする姿勢である。そして，それは，観光産業（地域経済）だけでなく，地域環境や地域社会の立場も踏まえるべきである。

（付記）　本章は，西川亮（2021）「オーバーツーリズム―観光地における新型コロナウイルス流行後の住民の観光に対する意識に関する研究」『観光研究』32-2：53-66をもとに，いくつかの分析を新たに加えて執筆された。

（参考文献）

UNWTO（2007）A Practical Guide to Tourism Destination Management.
阿部大輔編著（2020）『ポスト・オーバーツーリズム―界隈を再生する観光戦略』学芸出版社。
西川亮（2021）「オーバーツーリズム―観光地における新型コロナウイルス流行後の住民の観光に対する意識に関する研究」『観光研究』32-2：53-66。
西村幸夫編著（2009）『観光まちづくり　まち自慢からはじまる地域マネジメント』学芸出版社。
日本建築学会編（2004）『まちづくり教科書1―まちづくりの方法』丸善書店。

社会のサステナビリティ推進を担う サステナブル・ツーリズムの役割

1　サステナブル・ツーリズムへの潮流

　国連世界観光機関（UNWTO）および世界旅行ツーリズム協議会（WTTC）によれば，観光業は世界のGDPの10％，世界で働く10人に１人の雇用を担い，2017年に新しく生み出された仕事のうち５つに１つは観光業との関連があると発表されている。

　UNWTOによれば，2018年には14億人が１泊以上の国境を跨いだ旅行をし，2030年にはこの数が18億人に達し，年平均で3.3％の成長を遂げると予測されている有望な産業といえる。これはコロナ禍の現状においても，身をかがめこそすれ長期的に見れば成長セクターであることは間違いない。

　また，観光は地方部に根差した自然，歴史，文化といった有形・無形の資源を，経済的な恩恵に資するものへ適切に変換し，関係人口や交流人口が創出されることを通じて，人口減少や過疎といった課題を抱える地方部において，住民の生活サービスや地域の有形無形の文化・自然遺産を保全・維持し，地方部の持続的な発展に新たな光を見出す有効な手段ともなる。

　このような持続的な成長が期待される一方で，すでに世界をリードする観光地においては観光客の急激な増加により自然・社会環境への負荷も出現している。また，WTTCによれば国際旅行市場の約45％にあたる旅行者は，都市部に集中すると予測されており，都市部が享受する観光・旅行のプラスの効果（経済的需要）やマイナスの影響（混雑や体験価値の低下）を地方部と適切に分かち合う，あるいは分散していく取組みが今後の観光セクターの成長に合わせて適切に考えていかなければならない重要な視点でもある。

　既存の観光・旅行スタイルから新しい観光・旅行スタイルへの転換は，世界的にみれば「サステナブル・ツーリズム（持続可能な観光）」として1988年にUNWTOが提唱し，その変革に向けた活動は欧米を中心に90年代から始まった。その動きは，それまでのエコツーリズムやコミュニティー・ベースド・ツーリズム（地域を主体とした観光）といった自然保護型，小規模観光などの旅行スタイルと融合しながら世界に広まり，品質重視かつ循環型消費を是として発展したサステナブル・ツーリズムへと継承されてきた。

　大きな転換点は，国連が「開発のための持続可能な観光の国際年」と定めた2017年である。この年を皮切りに「サステナブル・ツーリズム」に関連する取組みが地球規模で実施をされ，「SDGsへの観光の貢献」という考え方が全世界的な広がりを見せ，その動きは，観光業の世界的な民間団体である世界旅行ツーリズム協議会（WTTC）を筆頭に，アジア太平洋旅行協会（PATA）や世界経済フォーラム（WEF）といった民間国際団体においても，観光を通じたSDGs達成に貢献する取組みが加速し，現在は世界観光業界の主要な潮流の1つとなっている。

2　地方創生に貢献するツーリズムの重要な役割

　UNWTOから日本に戻ってから㈱JTB総合研究所での仕事に携わることとなった。観光という実業の中にサステナビリティの実践を如何に落とし込んでいくのか。経営者，労働者，観光関連事業パートナー，観光事業以外の事業パートナー，地方公共団体，アカデミア，NPOや市民等，誰一人取り残さないという考え方の下，包摂力が高い観光のフレームやそれを実践する事業のあり方についての議論を進めたいと考え，2018年頃から持続可能な開発目標（SDGs）達成に貢献する観光のあり方について研究を開始した。その中で，2019年4月からSDGsに貢献する観光のあり方に関心を持たれている多様な分野に亘る専門家や実業に携わる方々との議論を重ねるべく，内閣府地方創生SDGs官民連携プラットフォームの下，「観光を通じた地方創生のSDGs達成貢献に関する勉強会」を㈱JTBと㈱JTB総合研究所の連携の下に主宰した。勉強会のメンバーとして「地方創生に向けたサステナブル・ツーリズム推進」について議論を進め，基本的な考え方をまとめ内閣府への提言を行った。その提言

を受け，2020年12月に内閣府が発表した「第2期まち・ひと・しごと創生総合戦略」の中で，「官民連携による地域課題の解決をより一層推進するため，全国各地の地域レベルにおける官民連携を促進する。また，感染症により，国内の地域経済が甚大な影響を受けている中，関係機関と連携しながら，地方創生SDGsの達成に向けたサステナブル・ツーリズム（持続可能な観光）のあり方について，取組事例を調査するとともに，国内のモデル事例を構築し，国内外への発信等を推進する。」と明記されるに至っている。

　本章では内閣府地方創生SDGs官民連携プラットフォームの下，「観光を通じた地方創生のSDGs達成貢献に関する勉強会」で議論されて方向づけられたアウトプットをベースに，観光を通じた実践的なサステナビリティの推進について論じることとしたい。

3　サステナブル・ツーリズムの定義と大切な考え方

　1988年にUNWTOはサステナブル・ツーリズムを「文化的完全性，（地球に）不可欠な生態学的作用，生物多様性，生命維持システムを持続可能なものとしながら，経済的，社会的，審美的ニーズを満たす方法で，すべての資源を管理しているような観光」と定義している。また，SDGsが目指している「サステナブル（持続可能）な開発」の重要な考え方とは「地球環境の生態系の保全」を踏まえた持続可能な社会の構築にあり，それを進める上で重要な考え方を勉強会において以下の通り整理した。

---

① 　地球の資源が有限であることを認識すること
② 　生態系の完全な保全を行うこと
③ 　将来世代へ地球環境の恵みを受け渡すこと
④ 　地域に根差したかけがえのない伝統・文化を継承すること
⑤ 　多様性（次世代の人々や社会的脆弱層の価値や考え方や置かれた環境）を重要視・配慮すること
⑥ 　人と人の交流や人と人の価値観の共有・共感を，時代を超えて創造・継承すること

（出所）①〜③藤稿（2018）

　上記6点の重要な考え方のもとでサステナブル・ツーリズムを推進するには，先ず，多くも自然・歴史・文化的な観光資源「不可逆性」（人為的であれば自然の成り行きであれ，変容すると元に戻らない性質）の側面があることを銘記すべきである。特に自然系の観光資源が依存する生態系は不可逆性が強い。観光は下記のように分類される生態系サービスの全体と深く関わっているため，それらの不可逆性を正しく理解して対応することが重要である。

---

① 　供給サービス：生態系から得られる生産物
② 　調整サービス：生態系による調整機能の便益
③ 　文化的サービス：生態系から受けている精神的・文化的恩恵
④ 　基盤サービス：上記の3つのサービスを支える基盤

4　サステナブル・ツーリズム推進の重要な視点

　サステナブル・ツーリズムを実施していく視点はグローバル課題への対応と地域（ローカル）課題への対応の両視点からのアプローチが重要である（**図表5－1**）。

図表5－1　グローバルとローカルの視点

グローバル	ローカル
・地球環境の持続可能性の危機 ・気候変動 ・生物多様性の損失 ・食糧問題／食品ロス ・資源の不公平な配分（南北格差） ・情報や教育などの格差等 ・使い捨てプラスチック課題	・地域的な持続可能性の危機 ・地域環境の劣化 ・オーバーユース ・地域経済の持続可能性 ・地域観光資源の発掘 ・地域の活性化と自律性 ・地域観光人材，インタープリターの欠如

（出所）内閣府地方創生SDGs勉強会官民連携プラットフォーム「観光とSDGs勉強会」資料より筆者作成

5　マス・ツーリズムをサステナブル・ツーリズムへ 移行することで貢献できる分野

　SDGsへ貢献するサステナブル・ツーリズムを推進すると**図表５－２**のような価値創出がもたらされる。適切に推進すれば，観光は大いに「サステナビリティ／SDGs」推進に貢献する。

図表５－２　マス・ツーリズムからサステナブル・ツーリズムへの移行による貢献

<u>従来の観光の状況</u>
<u>（マス・ツーリズム）のネガティブな影響</u>

・エコノミックリーケージ
・地域社会への負荷
・資源の浪費
・環境汚染
・生物多様性の損失
・CO2の排出
・食品ロス／食べ呑み放題
・ブームによる一過性
・文化，伝統の破壊・形骸化

<u>新しい観光・旅行スタイル</u>
<u>（サステナブル・ツーリズム）の価値創出</u>

・旅住包摂サービスの実現
・経済的な持続可能性
・生物多様性保全
・地域社会の利益創出
・低炭素観光
・食廃棄への対応
・文化，伝統の保全
・新たな観光資源開発（平和や健康）
・SDGs12を意識したSCP
・ジェンダー平等

（出所）内閣府地方創生SDGs勉強会官民連携プラットフォーム「観光とSDGs勉強会」資料より筆者作成

　前述のマス・ツーリズムからの移行でわかる通り，サステナブル・ツーリズムはこれまでのビジネスモデルや消費行動を大きく変革する考え方である。観光関係者がその変革プロセスを追求することにより，下記５つの貢献/効果が実現される。更に，これらの効果には，観光業界に直結する技術（テクノロジー）や，市場創造だけでなく，社会包摂的な枠組みの構築，地域に根差す行事や祭祀を支える地域外との交流等，観光関係のみにとどまらない統合的な社会開発効果も期待される。

① 　テクノロジーとの連携による持続可能な観光ビジネスモデル構築
② 　観光を通じた地域の人財育成
③ 　地域を拠点とした観光による職業の創出
④ 　地域住民の全世代参加型の観光まちづくりや旅行者も包含した関係人口の創出
⑤ 　双方向交流を起点とするグローバル化，多文化共生，SDGs取組みの推進

6　地域産品の販促，地域雇用の創出そして文化振興への貢献

　第2章でも紹介した通りSDGsには観光の貢献が明記されている。具体的にはゴール8のターゲット8.9「2030年までに，**雇用創出，地方の文化振興・産品販促につながる持続可能な観光業を促進する**ための政策を立案し実施する。」とゴール14の14．7「2030年までに，漁業，水産養殖及び**観光の持続可能な管理などを通じ**，小島嶼開発途上国及び後発開発途上国の海洋資源の持続的な利用による経済的便益を増大させる。」である。両ターゲットともに，地域経済を消費と雇用の側面からプラスの効果を上げていくことと，地方の文化振興を支援する上で観光が大切な役割を果たすとしており，観光の地域における経済的な貢献，社会的な貢献と文化的な貢献の重要性を示している。消費の観点は，地域経済を活性化する上で重要な要素である地域で生産・製造された「地域産品・製品・サービスの販売促進」を，雇用の観点は，地域の人々の暮らしを支える社会活動の源泉となる「地域のしごとの創出」を，文化の観点では，自然とライフスタイルの営みの中で育んできた「地域の有形無形の文化の振興」について如何に観光が貢献していけるかを問うている。

　地域のヒトとモノが最大限活躍していく環境に配慮した包摂的な社会づくりを観光は促進する。「誰一人として取り残さない」SDGsにおける一番大切な考え方であり目指すべき方針である。改めて観光セクターにおいて，この考え方は実践できていたであろうか？　日本の観光産業を成長軌道に乗せてきたマス・ツーリズムのフレームに欠けていた視点ではなかったか？　観光事業者が創ってきた仕組みは一部の事業者群や人々が経済的な恩恵にあずかる要素が

あったことは事実だし，今後も経済的な競争下においては，それは引き続き存在していくことは間違いない。しかしその競争はSDGsが目指す「誰一人として取り残さない」という考え方を踏まえた上で実践していかないと，地域住民・旅行者・地域事業者の理解を得られず，事業は持続可能なものとはならない時代にもなっている。この包摂性の実践は決して経済的な視点での包摂性だけでなく，経済的受益者が脆弱層の社会参画機会の拡大等を通じた社会的課題への取組みをすることや自然環境や文化振興を支援する多面的なアプローチを可能とする。このアプローチを実践する上で，観光は社会課題の解決に分野領域を横断的に繋ぐしくみでもある。

7　サステナビリティやSDGs達成に貢献する観光の取組み

サステナビリティやSDGs達成に貢献する観光の取組みは上記を更に微分していくと以下のようになる。サステナブル・ツーリズムは，「経済成長ができる」，「社会文化的に好ましい」，「環境的に適正である」という３つの条件を満たしていくことが重要である。その推進にあたっては（１）経済的，（２）社会的，（３）環境的，（４）文化的，（５）相互理解の促進といった５つの側面に十分に配慮しつつ，観光地の特性やその観光地に来訪する旅行客の特性を踏まえ，各分野での持続可能性が担保される取組みを支援していくことも重要である。上述の５つの側面はUNWTOが提言した「持続可能な観光」で取り組むべき５分野に他ならない。以下で，その５分野における主要な対応課題と方向性を整理する。

（１）経済成長

観光の大きな役割は訪問地域の経済活性化にある。訪問地域の観光資源であるまち・ひと・文化・遺跡・自然と関わる体験（見る・学ぶ・守る・育む・伝える・教える）を貨幣価値に変換することに加え，訪問地域での訪問者の消費活動を促し，地域の雇用や産品販売を促進することが，大きな役割であることはいうまでもない。極端にいえば何かしらの経済的な貢献が地域に伴わない活動は観光ではないともいえる。一方で経済活動を促進する中で発生する課題もある。具体的には経済活動は存在するのに地域に対する利益貢献が外部に流出し

てしまうエコノミック・リーケージ，特定の企業や個人が利益を独占してしまう経済的な寡占状態や，経済的な視点だけに囚われてお客様の満足度が疎かにならないようにすること等だ。これら経済課題へ観光を通じて取り組む上での留意点を以下に示した。

---

① 　長期的な経済的な利益の担保（観光地，事業者共に）
② 　地域社会の繁栄（安心安全で持続可能な地域社会づくり）
③ 　地域の人々の就業機会の創出
④ 　観光旅行者が楽しく，美味しく，満足する価値の創出
⑤ 　観光ステークホルダー間の利益の公平な分配（観光地，事業者［ツアーオペレーター，ランドオペレーター，サービスプロバイダー］，観光従事者）
⑥ 　地域循環率（地域の産品や雇用の創出の最大化）

（2）旅住包摂の社会発展

　一般的には，観光は地方部に根差した自然，歴史，文化といった有形・無形の資源を，経済的な恩恵に資するものへ適切に変換し，関係人口や交流人口が創出されることを通じて，人口減少や過疎といった課題を抱える地方部において，住民の生活サービスや地域の有形無形の文化・自然遺産を保全・維持し，地方部の持続的な発展に新たな光を見出す有効な手段だ。一方，WTTCによれば国際旅行市場の約45％にあたる旅行者は，都市部に集中すると予測されており，都市部が享受する観光・旅行需要を地方部と適切に分かち合う取組みも重要である。加えて環境に配慮する循環型の社会システムや，誰一人として取り残さない包摂的な社会システムを日常に組み込んでいく「サステナブルなライフスタイルへの挑戦の場」としての非日常である観光の場を活用していくことも今後大切な役割となる。

　ツーリズムの社会的役割は上述された平常時だけにとどまらない。なぜなら人々が真の対話や交流を重ねることこそがツーリズムの源泉であるからだ。価値観の違いを対話と交流を進めることで相互理解を促進していくこと。ツーリズムを通じ，誰一人として取り残さない「旅住包摂」の世界に向けた素地を整えていくこともツーリズムが世の中に存在する意義でもある。たとえば，緊急

時である戦争，飢餓，貧困に置かれた時期においては社会的困難に置かれた
人々や安全で安心な暮らしを，食やトイレなどの基本的な暮しのサービスを提
供すること，またそこで暮らす人々のシビック・プライドや結束・連帯の場を
提供していくことも，ツーリズムの概念はカバーする。復興期においては国・
自治体の復興事業の人流マネジメントや，同地域へのボランティアのツーリズ
ム等と連携しながら，平穏時に地域の経済成長を支える経済活性化の1つのド
ライバーとして観光事業を捉えていくことが重要だろう。また，ツーリズムは
地域の脆弱層（弱き人たち）の社会参画を促す。具体的には地域でのイベント
開催時におけるアルバイトやボランティア等への若者，女性，一人親家族，外
国人，シニア，障害者等を想定する現代社会において包摂されていない状況に
置かれている社会層を包摂することができる。「誰一人として取り残さない」
という考え方を実践していく上で，ツーリズムは地域社会・経済のフレームに
人々を優しく包摂していく機能を持っている。これら社会課題へ観光を通じて
取り組む上での留意点を以下に示した。

①　都市部と地方部がつながる社会ネットワークづくり
②　地域コミュニティの幸福度の向上（経済だけでなく社会・文化・自然環境の
　　視点での豊かさ）
③　地域住民と旅行者の地域運営参画（誰一人取り残さない旅住包摂循環型社会
　　ネットワークづくり）
④　雇用の質の向上（ヒューマンタッチによる単純労働から高付加価値型労働へ
　　の転換）
⑤　人権尊重と社会平等を推進につながる取組みの推進
⑥　戦争や災害時といった緊急時においても食と衛生そして連帯と結束の支援
⑦　ツーリズムを起点とした復興期から平常時への経済成長と社会包摂システム
　　づくり
⑧　日常のライフスタイルをサステナブルなライフスタイルへと進化させる挑戦
　　の場

（3）自然環境

　豊かな自然環境が存在し続けなければ観光事業は成り立たないのは誰しもが

わかっているにもかかわらず，観光事業者や旅行者は主体的かつ，適切な貢献をしてこなかった。これはサービス供給事業者が適切な情報を市場にOne Voiceにして届けてこなかったからだ。気候変動へのアクションとしての化石由来エネルギーから再生エネルギーへの転換や，生物多様性を保全する取組みや動植物の生息や植生地域の保全や動植物の生息圏の保全や違法動植物取引の撲滅やアニマルウェルフェア（動物福祉／動物虐待防止），自然と共存する安全や安心な地域環境づくり，ゴミ処理に関わる問題等の住環境と観光のバランスのとれた地域観光政策の推進，水資源の過剰利用回避等，人と自然が共生し続けるために私たちが留意しなければならないことは山積みだ。環境に関してはまだ観光の中でどのように取り組めばよいのか議論が未熟でもあることから前述の重要なテーマについて説明を個別にしておきたい。

①　気候変動への対応

旅行・ツーリズムだけでなくすべての経済活動や消費活動を行う上で，気候変動課題は避けては通れない。旅行・観光分野においてはアゴ・アシ・マクラのすべてに関係する。

ⓐ　食と気候変動

農作物地の開発に伴う森林伐採による二酸化炭素吸収量の減少や，水田耕作地増に伴うメタンガス発生増，食肉需要の拡大によって価値からのゲップや放屁を起源とする二酸化炭素やメタンガスの排出の増加，食品ロスを処分する際に生じる二酸化炭素排出等への留意が必要だ。ベジタリアンやビーガンといわれる人たちは食材に対するアレルギーだけでなく，食肉生産過程において気候変動を大きな影響を与えていることに懸念を持っている人たちが多い。また，牛肉を1kg生産することに利用する穀物飼料は8kgともいわれ，その量の食糧があれば飢餓から救える人たちは沢山いる。倫理的な側面から見ても食肉に対する風当たりは強まっており，ベジタブル・ミート等の代替肉の議論へとつながっている。また影響は限定的にはなるが，生産地域での食を楽しむことで，食材のフードマイルを削減するメリットもある。

ⓑ　移動と気候変動

欧州でのフライトシェイミング（飛び恥）の動向からも，ジェット燃料の利用による旅行者一人当たりの二酸化炭素排出量削減は，2050年に電気で飛ぶ飛

行機が出現するまでの間は，大きな議論となっていくだろう。くわえて遠距離移動者を主たる市場とする旅行先が排出する二酸化炭素量を応分に負担すべきとの議論もされている。受け容れる訪問者の数に見合ったカーボンオフセットをする仕組みを各国のインバウンド旅行事業のしくみとして持っていくことも検証を始める時期となっている。また，いうまでもなく，今後は個人旅行で利用される自家用車による二酸化炭素排出の削減が一番の課題となる。観光時に公共交通機関の代替利用の促進やハイブリッド車やEV車利用を動機づけるようなしくみを観光政策の中に組み込んでいく時代でもある。

　ⓒ　宿泊と気候変動

　24時間温かいお湯が出るためにガスボイラーを24時間稼働させていることや，太陽光発電施設での電気利用となる地域における夜間電気利用に蓄電する施設等の設置に負荷がかかる等の条件を踏まえて，工夫や準備をすることで本当にそれは必要なのかを再考し，現状を維持するのであれば，その負担は誰が担うべきなのかも改めて議論をすべきことだと考える。宿泊については1点，未だあまり議論はされていないが，整理をすべきポイントとして旅先と日常生活の差分を旅行・観光時のインパクト量とすべきではないかと考えている。日常生活と重複する部分も観光で担うべきなのかを整理すべきだろう。また，避暑地に行けば冷房は都市部にいるよりも利用しない。こういった観光がもたらすライフスタイル活動の変化も加味した観光の気候変動への良き効果も考えていくべきではないか。

　②　生物多様性や動植物に関する取組み

　山地山林，河川や湖沼・湿原・淡水域，島嶼や海岸等の海洋地域それぞれに生息する生物多様性が守られるように人間の社会・経済活動によるフットプリントを最小限にしていくことが先ずは一番大切な取組みだ。加えて家畜や観光資源として共存している動物においても動物虐待や動物福祉の観点で十分な配慮を行っていくことが求められる。アジアにおけるエレファント・ライド・ツアー（象に乗って森林を巡るツアー）やドルフィン・スイミング・ツアー（イルカと一緒に泳いだり・触ったりするツアー）は欧米市場では敬遠する旅行者も出始めている。これは日本の都市部において展開される動物カフェ（フクロウ，ハリネズミ，カワウソ等）の野生動物を商業目的に利用しているアトラクショ

ン施設も世界からは同様にみられる傾向があると考えてよい。また日々食する卵についてもケージ飼いの鶏よりも平飼いの鶏が産んだ卵の方が，値段が高くても動物福祉の観点から好ましいと考える消費者は着実に増えている。動植物違法取引の観点においては，海外からも海外へも持ち出せない状況にある象牙製品がいまだに日本国内で流通・販売されていることに違和感を覚える。また，希少な硬木を材料にした工芸品や家具などを知らずに購入し植生への影響を与えているようなケースにも留意していかなければならない。ツアーの主目的としてこのような違法行為に加担をしていなくても旅行者の関心次第で，観光事業者はそこに知らずに加担しているケースがある。そのようなリスクがあることを従業員にも旅行者にもキチンと伝えていくことも，今後重要な観光事業者や観光地域経営に携わる方々の重要な役割でもある。

③　自然と共存する安全や安心な地域環境づくり

　観光は自然の雄大さや美しさ安全・安心な環境で楽しむことがなにより重要である。その上では自然観光においては里山の管理のように人の手がキチンと入り，人が安心して観光を楽しめる最低限の環境整備がされている状況に置かなければならない。これは平常時だけではなく自然災害が起こりうるような状況下においても，土砂崩れ，津波や鉄砲水・洪水時への対応などを旅人と住民が安心してその地域で過ごすことができる旅住包摂の居住環境を自然災害管理の側面から整備していくこと何より重要である。

④　ゴミ処理・廃棄物への対応

　観光分野だけに限らず，経済効率や衛生管理の名の下に，廃棄することを世界は容認してきた。事業者も消費者も，廃棄することには罪悪感を抱くこともなくし，大量消費の名の下に大量廃棄の時代に私たちは生きている。私たちの選択すべき道はただ1つ。「捨てない生活」あるいは「ゴミを出さない生活」を目指すべきだろう。具体的には，食関連の使い捨て材や食廃棄，宿泊施設内のアメニティゴミの削減や，居住地から旅先に持ち込んだゴミは必ず持ち帰ることを徹底すべきだろう。

ⓐ　食関連の使い捨て消費財や環境整備

　食べる際に利用されるコップ，皿，おはしやフォークなどの使い捨て材利用

の削減は早急に取り組むべきことだ。これはプラスチック材だけにとどまらず木材・紙資源も含めた検討を進めるべきだろう。もちろんゴミは少なからず出てしまうものであるから，その分別・リサイクル・処理にあたる費用は事業者や利用者に適切に還流させ価格に転嫁をしていく風土も消費者としては認識をしていかなければならない。コンビニ・スーパーやお弁当事業者やフェスや祭りイベント事業者，会場提供者といった外で食事をとるシーンでサービスや商品，場所を提供する事業者における取組みが求められる。

ⓑ　アメニティやノベルティ提供について

　ホテルや旅館などの宿泊施設で提供されるアメニティにも工夫が必要だろう。先ずは水や飲み物の提供についてはPETボトルからガラス瓶，カン，紙パッケージへと移行や，施設の各階にウォーターサーバーを設置する取組みが進んでいる。昔ながらに魔法瓶や冷蔵庫のジャグに冷たい水を入れて提供することも，誰もができるサステナブルな取組みだろう。今後はインルームでのコーヒーやティーバッグ等についても個包装のものに代わるサービスが出現することを期待する。お部屋でのウエルカムサービスをロビー周りで提供することで効率的かつサステナブルにオペレーションをしながら，ホスピタリティの質を落とさずにお客様との接点を深めることも考えられるだろう。

　またPPE（個人感染対策装備品）の過剰包装・配布によってコロナ禍において使い捨てプラスチック製品の需要が伸びているとの指摘もあり，無料のマスクの配布やマスクケースの提供，フォークやナイフ等の個包装対応等衛生対策と環境配慮のバランスについて，事業者が旅行者と対話を進めて新しい衛生対策フレームを形づくっていく必要もある。シャンプーやリンス，石鹸などのプラスチックケースに入ったアメニティが一部，同製品の販売促進タイアップ等として商品的にお客様へ一方的に配布されているケースも散見される。いずれにせよゴミ（特にプラスチックゴミ）を旅行・観光の間で最小限とするためにはどうするべきなのかを議論しつつ，必要な場合はプラスチック製品の利用を避けることや，必要のないお客様へは配布をしない等の配慮や利用されなかった商品については完全に回収しリサイクルをすること等の配慮が重要になるだろう。

ⓒ　フードロス・食廃棄

　食べ残し・飲み残しを助長しがちな「食べ放題や飲み放題」システムの見直

しも考えるべきポイントだろう。事業者側での提供前に食品ロスとなる食材量とお客様側で食べ残すことで食品ロスとなる状況を各事業者は観察し，その削減にむけた取組みを進めていく必要がある。朝食のブッフェで残った食材を社員食堂で提供をすることや，衛生面に配慮しながら地域社会の脆弱層に対してフードバンクに提供をする事業者もある。堆肥化を考えて食循環を考えている事業者もいる。ただ究極的には仕入れた食材を余すところなくテーブルの上に提供して，すべて食べてもらえる食事としてお客様に楽しんで食べきれる量で提供することだろう。

⑤　水とトイレについて

　水資源と上水と下水に関連する衛生管理は観光地において大変重要な課題である。観光地が置かれている地域によって「ウォーターストレス」の度合も違っており，ストレスが高い地域においては外部からも訪問者が同地域を訪れることで，同地域の住民の持続可能な水資源の利用を短縮させるリスクがある。また十分な水を確保できない地域においては，一度利用した上水の中水へのリサイクル利用や，バイオトイレ等の水をできるだけ利用しない設備の設置，携帯トイレの持参と利用を必須とする等のしくみ等を検討していくことも観光地域の持続可能性を担保していく方向性だろう。これら自然環境課題へ観光を通じて取り組む上での留意点を以下に示した。

　1．**地球規模での環境保全**
　　気候変動対策，特に温室効果ガス発生の削減への取組み，再生可能エネルギーへの転換
　2．**安全や安心と共存する地域的環境問題・自然保全への取組み推進**
　　森林面積拡大や土砂崩れを起こさない山林管理，津波や鉄砲水・洪水対策，景観保全
　3．**持続可能な消費と生産**
　　個人の責任で対応すべきアメニティや水を中心とした衛生対応の見直し
　　３R（リユース，リデュース，リサイクル）の推進，アップサイクル手法の開発
　　マイクロプラスチック利用や化学薬品利用を控える等の環境配慮型のホスピタリティ関連商品開発

４．生物多様性保全への対応

　陸域，淡水域，海水域における動植物の生態系の保全

　観光と関連する食やアトラクションで関わる動物福祉の向上や動物虐待の撲滅

　違法野生動植物取引の撲滅

５．衛生対策と環境配慮へのバランス

　感染対策向けPPE使い捨て材の増加対策と過度な衛生対策の見直し

　トイレや排水などの下水処理設備の整備

　外部からの持ち込み制限とゴミ処理や持ち帰りの徹底

（4）文化・多様性・遺産保存

　文化はその時代時代の人々が所属する地域や国の独自性や固有性あるいは大切にしたいコトを表現することで創られてきた。歴史の一部になっているものを遺産とよび，現在の生活に息づいているものをカルチャーとかライフスタイル等といっている。それは多様性を認め合える社会であればあるほどに豊かに輝き，多彩な表現となって社会に出現する。先人達が築いてきた考えを尊重できるのか，一方で若者たちの今の気持ちを受け容れて未来志向で支援できるのか。その地域に生きる若者，現役，シニアがどれだけ自由に互いを認め合いながら対話ができるかが文化の豊かさにつながり，観光という側面からも訪れて楽しい地域づくりにつながっていく。これら文化・多様性・遺産保存の課題へ観光を通じて，取り組む上での留意点を以下に示した。

① 文化財の保護・保存
- 文化遺産や遺跡を可能な限り，ありのままの形で後世へ伝えていく。
- 現在の人々の暮しの中で利活用されながら遺跡や歴史的建造物が後世に引き継いでいく。
- 地域に根ざした人々の営みに関わる地域の郷土資料館や民俗資料館等で研究・展示されている。出土品や民芸品といった文化的資産・情報を後世に引き継いでいく。

② **文化芸術や地域に伝承される無形文化や慣習やライフスタイルを豊かにする活動の保存・伝承・支援**

- 文化芸術基本法第8条から第13条で規定される文化芸術（芸術，メディア芸術，伝統芸能，芸能，生活文化）を，現代の人々の生活の中に息づかせながら保存し，後世に引き継いでいく。
- 地域の誇りや拠り所となる，地域に伝わる伝統芸能・儀礼や慣習の保存を支えていく。
- 現在に暮らす人々のアイディアを源とする創造性や表現を体現するサブカルチャー。
- 地域の人々の繋がりを強め，連帯感を高めやさしく強靱な地域を育み支えていく。

③ **人権尊重と社会平等を推進につながる取組みの推進**

- 時代の移り変わりによってどの国や地域においても常に存在し続ける社会的脆弱層を包摂した社会システムの構築。
- アクセシブルな社会づくりの入り口として役割（ユニバーサルデザインや機会均等）。
- 物理的，心理的な障害にこだわらず人々が自由かつ快適に表現ができ，楽しむことができる多様性と包摂性を是とする世界づくりへの貢献。

（5）相互理解・平和構築・安全／安心

　人々が真の対話や交流を重ねることがツーリズムを求める人々のエネルギーの源泉である。地域や世代間における価値観は違いを対話と交流を進め，相互理解を促進していくこと。そして平和で安全・安心な地域づくりを進めていくことはツーリズムにしかできないテクノロジーでもある。単に訪問する観光ではなく，地域の人々と訪問者の対話と交流を創造することが次世代のツーリズムにおいては大変重要である。これら相互理解・平和構築・安全／安心の課題へ観光を通じて，取り組む上での留意点を以下に示した。

① **地域住民と観光事業によって地域外から地域を訪れる訪問者・旅行者・事業者との交流**

- 旅行中の交流や対話を通じて旅行者・訪問者・地域住民・地域事業者の相互理解を創出する。
- 観光・訪問を通じて，学び，気づくことにより訪問者のライフスタイルの変革を促す。
- MICE誘致・開催などを通じ，日本国内外の人々が同地域の自然・文化・歴史を知り，不特定多数の人々に地域とのエンゲージメントを創出していく。

② 住みやすさ，治安の安定，犯罪防止など
- 外部から訪れる人々の目線での安心安全な環境づくりに取り組むことで，時を経るごとに体力や能力が変化する住民にとっても住みやすい環境づくりにつなげる。
- 観光事業を原因とする治安の悪化へ対策を進め，地域の安心安全の取組みを進めていく。

③ 災害対応への準備・BCPへの対応
- 地域住民の視点に加え，地域の土地勘に不慣れな訪問者の視点で災害対策を考えることで，地域における脆弱層を包摂した災害対策の構築につなげていく。
- 災害時に身を寄せる場所がない訪問者，旅行者への対応策として，人流管理やホスピタリティの提供に長けている観光事業者は待機場所や衣食住の提供や人道支援において重要な役割を果たす。災害時における観光事業者の役割と責任を定めることで，被災者の心に寄り添った人道支援を災害時における観光事業者の事業の柱として適切に組み込むことで持続可能な観光地のエコサイクルが構築されていく。

8　事業活動を通じたサステナビリティの実践

　観光セクターを構成するステークホルダーがサステナビリティを事業において実践していくにあたり重要な視点について考えてみたい。

　観光地開発，施設建設や輸送機材の製造，サービスの創出に伴う仕入・調達，販売にあたっての流通手法，旅行者・訪問者の観光地滞在中の消費や行動，観光地での案内やサービス提供，有形無形の観光資源の保護・保存と多様な要素が組み合わさって創出されている。ステークホルダーも観光地管理や観光資源を管理する地方公共団体や関係省庁だけではない。観光地の建物や道路，上水

下水やエネルギーなどを利用するのは旅行者だけでなく地域の生活者や事業者も含めて考えなければならない。ライフライン・インフラを支える建設業やエネルギー産業，観光地と居住地のヒトとモノの流通をつなぐ航空，陸上輸送，海運，物流等の輸送業も関わりが深い。旅行中の食事やお土産品などを支えている外食産業，食品業，農畜水産業に携わる人々も観光でビジネスをする以上責任が生じるはずだ。旅の大きな楽しみの1つである買い物は，食，香水・酒，家電，絵画・工芸品など製造業とは切っても切り離せない。旅のパートナーとなる案内人やガイドは大学や文化・自然環境等の保存・保護施設等との関わりが深い。観光に関する相談や流通については，これまで旅行会社が大きな役割を果たしてきた。インターネットの爆発的な浸透により，検索エンジンやSNS等もこの観光に関する商品や相談に関する情報流通分野での役割が高まっている。これだけ多様な産業が関わる観光セクターが消費者である旅行者・訪問者にサステナビリティを実践していると実感させるためには，どのように実践していくべきであろうか？　それは観光セクターに関わる事業者群が連携して創出している5つの領域（①経済，②社会・雇用，③自然環境，④文化・多様性・遺産，⑤相互理解・安全・安心・平和といった領域）におけるプラスとマイナスの影響についてサプライチェーン全体を俯瞰して理解・共有すること。そして，その影響について各事業が直接働きかけられる行動を起こし続けていくことにある。観光セクターが連携して創出している実感価値を鳥の目で俯瞰し，個別事業がサステナビリティ推進において責任を負う課題について虫の目で取り組んで行くことが必要だということだろう。

　観光分野においてサステナビリティを実践していく上では，地球や地域の社会・環境への責任を負う地域経営を担う政府や地方公共団体の視点と旅行者や訪問者へのサービスや商品を提供する事業を通じて経済活動を実践者として動かす事業者の視点の両輪で考察し実践していく必要がある。政府や地方公共団体は，地球全体で考えるべきグローバルな視点と地域特有の地理的・地政学的・社会的なローカルな視点で課題を分類して取組みを進めていくことが必要である。一方で事業者は，その地域の社会の一員としてサステナブルな社会の実現にむけグローバル・ローカルで抱える社会課題への対応を経営視点で対応しつつ，事業活動（ビジネスや取引）を通じたサステナブルな付加価値を市場に提供することが何よりも重要な役割となる（**図表5－3**）。

図表5－3　観光セクターのサプライチェーンの連関

自社が貢献できるSDGs達成にプラス・マイナスに働く要素を経済，社会，自然，文化・多様性，相互理解の5分野で把握し，貢献できる優先課題を決定する。そしてKPIが継続的に事業で設定できるか検討する。

＜サプライチェーン上で貢献・影響をマッピングし，自社のSDGsに直接・間接的に関係する業務を特定する＞

	原材料・研究＋開発	サプライヤー	仕入調達	企画	販売・流通・広告	操業・消費	廃棄	
経済								プラス（強化）
社会								
自然環境								
文化・多様性								
相互理解・平和								

事業全体のバリューチェーン

1a	1b	2	3	4	5a	5b	6	7
《原材料・開発》文化・自然・生態系・歴史・伝統・特産品	《研究・開発》行政・企業・大学	《サプライヤー》テクノロジー・設備・教育・サービス提供事業者	《仕入調達》生産者・ゴルフ場・ホテル・お土産物店・ランドオペレーター・観光施設・レンタカー会社・航空会社	《企画》ツアーオペレーター	《販売・流通》旅行代理店店舗・予約・決済・OTA	《広告》メディア・SNS	《操業・消費》観光・旅行体験サービス提供	《廃棄》混雑・ゴミ・し尿・環境破壊・住民不満・自治体・DMO

	原材料・研究＋開発	サプライヤー	仕入調達	企画	販売・流通・広告	操業・消費	廃棄	
経済								マイナス（最小化）
社会								
自然環境								
文化・多様性								
相互理解・平和								

（出所）United Nation Global Compact SDGs Compassを参考に筆者作成

9　サステナブル・ツーリズムのステークホルダーの役割

　地方創生に向けたサステナブル・ツーリズムの推進は，観光事業者が主体ではなく相互かつ双方的に各ステークホルダーの立場でサステナビリティやSDGsに対する理解を進め，自組織が自律的に直接働きかけるアクションとパートナーシップをもって関係する各ステークホルダーへサステナビリティへの取組みを促しながら間接的に取り組む2つのアプローチを考慮しながら，取組みを進めていくことが重要である。次に各ステークホルダーにサステナビリティ推進において期待される役割を示す（**図表5－4**）。

図表5－4　サステナビリティ推進にむけた**主体者と関係者の直接的・間接的に影響を与えていく関係**

サステナビリティ推進は直接的に取り組むことと間接的に促す2つのアプローチがある。

取組み・配慮する対象は事業内だけでなくサプライチェーン，業界や自社内にも及ぶ。

Step①: 直接に取り組む→Step②: サプライチェーンに促す→Step③: 間接的に更に促す

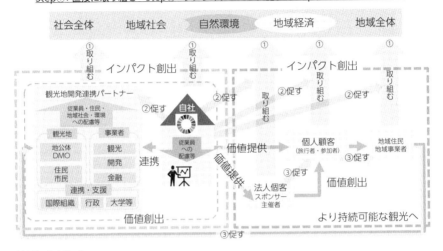

(出所) 筆者作成

(1) 地方公共団体

　地方公共団体は，地域におけるSDGs達成にむけ，地域の将来ビジョン2030を描き，ビジョンの実現に向けて地域および地域を取り巻く多様なステークホルダーの連携を促進するハブとして機能しながら，自地域におけるサステナブル・ツーリズムを推進する観光資源や取り巻く環境の調査・分析を自律的に実施した上で，サステナブル・ツーリズムが効果的に地域の重点課題を解決すべく事業を推進する中核的な役割を担う。その上では地方自治体の首長がリーダシップをもって推進することが何よりも重要である。

　地域における観光危機管理を司る組織として，地方公共団体は地域の事業者やDMO・ランドオペレーターと連携して各事業者のBCP（Business Continuity Plan）立案に協力し，最終的には地域全体としてのBCPをまとめ，管理する役割が期待される。更に万一の際には，観光を軸とした復興対策，風評被害時の

雇用の下支え対策等について，政府や関係事業者と連携しつつ，中心的な役割を果たしていく。UNWTOが進めるINSTOプロジェクトやOne Planet Projectでは，地域を束ねるハブとして地方公共団体は大学等と連携して経年的に当該観光地域の課題とそれを計測する指標を決めて，地域観光の持続可能性について研究・検証する等の役割が求められている。

（2）観光関連地域事業者（宿泊，物販，ツアー運営，ガイド，農林水畜産事業者含む）

　観光は，中小零細事業者が集積してバリューチェーンを創出している事業集積型の産業である。観光関連地域事業者は自らの事業活動を通じて，「食品ロスの削減や地産地消の推進，省エネルギー化，再生エネルギーへの移行や脱炭素への取組み，LGBTQを含むジェンダー平等や被雇用者の労働環境整備」といったSDGs達成に具体的につながる取組みを推進することが期待される。観光産業が得意とするすそ野の広いパートナーシップ構築を通して，食や土産物の素材を担う農林水畜産といった生産者である一次産業の現場から，地域に根差した産業の主力となる工芸や製品化を支える二次産業，そして商品やサービス提供の担い手である三次産業，さらにはその掛け合わせによって付加価値を創出する六次産業化の推進を担う存在として期待される。

　特に食や地域特産品は，観光・旅行消費の大きな割合を占めていることから，SDGsのゴール8においても観光が寄与する分野として明記されている。また，地域における持続可能な生産と消費のエコシステム（ゴール12）も担う。地域におけるサステナブル・ツーリズム推進の観点では地域における農林水畜産業に携わる事業者の参画が極めて重要である。加えて林業とも連携した陸の生態系保全や地球温暖化対策においても重要な役割を担っており，森林資源管理や生態系保全・再生と観光の連携を進めることはゴール13とゴール15に貢献するサステナブル・ツーリズムを推進することにつながる。また，宿泊事業においてリピート化や長期滞在を促進するインセンティブを創出していくことも持続可能な観光の貢献につながると考える。

　一方，観光関連地域事業者は現在のビジネスモデルの変革を真っ先に求められる立場でもある。事業者の多くは小規模な組織であり，その変革にあたっての経済的負担は大きい。また，観光のイノベーションはグローバル規模でスク

ラップ＆ビルドが繰り返されており，小規模事業者が世界の市場にアクセスする支援を行い，サステナブル・ツーリズム・ビジネスを推進するソリューションを提供するプラットフォームを構築していくことが重要である。

　特に，観光地の持続的なブランディングにつながる混雑マネジメントやイベント・マネジメントシステム等の導入については地域横断的に連携を進め，観光関連地域事業者に対して自治体・DMO等の枠組みで包括的に支援をすることが望ましい。

（3）【受け地/訪問地側】地域DMO（観光協会）／国内ランドオペレーター（海外市場向け）

　地域DMOや国内ランドオペレーターは，地方公共団体の枠組みに囚われず，旅行者・消費者が価値を見出す観光資源を繋ぎ，ストーリー化し，ルートとする。地域に根差した事業者を支援し，その魅力を見つけ，育むとともに，地域におけるパートナーシップ連携を促進・構築する地域のリーダーとしての役割が求められる。また，地域の魅力を国内外の市場に対して適切に発信し，誘客促進を担う存在として期待される。さらに地域住民が守りたい観光資源をマーケット視点で分析し，付加価値創出と販売促進を行う。一方で，観光・旅行による地域の自然環境や社会環境の劣化に対する改善を推進する地域のコーディネーターとして，デスティネーション・マーケティングとデスティネーション・マネジメントに取り組む。地域事業者と地域外事業者とを結ぶ，観光事業面における中核的な役割を担う。

（4）【発地／市場側】国内・海外ツアーオペレーター／旅行会社

　ツアーを企画・造成・運行するツアーオペレーターは安全・安心に旅行者が観光を楽しめるよう，日々の努力を行っている。特に日本のツアーオペレーターが築いてきた安全・安心に対する備え，基準，考え方は，安全・安心な観光地づくりを基本とする日本の持続可能な観光の推進において参照する重要な要素である。一方でサステナブル・ツーリズムを軸に新しい観光のスタイルを形作る上で，観光地や観光事業者と旅行者の責任の範囲をバランスよく分担することも今後は重要となる。

　また，消費者であるお客様との一次的な接点を持つ旅行会社は，重要な情報

提供者・発信者であり，各地域が創出するサステナブル・ツーリズムの付加価値を理解し，国内外の旅行者に対して説明・販売する役割を担う。各市場における安全安心の基準づくりや，マーケティングを担う重要な役割となる。

　加えて（２）観光関連地域事業者や（３）地域DMO／国内ランドオペレーターが気づき難い，地域の独自性や固有の価値を，地域外からの視点で光を当て，地域DMOやランドオペレーターに伝え，地域が気づかぬ魅力の発掘を支援することも重要な役割である（（３）と（４）の関係については**図表５−５**を参照）。

図表５−５ 旅行事業ステークホルダー関係フロー

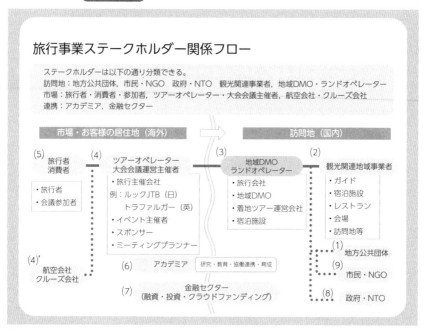

（出所）筆者作成

（５）旅行者・消費者

　旅行者はサステナブル・ツーリズムを自ら体現する存在である。一方で，訪れる地域に対する理解が足りないと，地域にとっては脅威となる存在でもある。

そのため，地域と旅行者を橋渡しするインタープリター（地域事業者，地域DMO，国内ランドオペレーター）が，旅行者・消費者と連携を取ることが重要である。旅行者や訪問者は連携地域に経済的効果をもたらす一方，地域の環境や文化・自然に対してもプラス・マイナスの影響を与える。旅先となるその地域の遺産，生活，文化，自然を保全しながら楽しみ，エネルギーや資源を有効かつ効果的に利用することが求められる。

　また，UNWTOが推進しているResponsible Traveler「責任ある旅行者」[1]が提唱している6つの行動規範についても十分に理解を深める必要がある。ここでは2020年に発表された資料に記載の内容を紹介しておく。

---

① **旅先に住む人々に敬意を払い，私たちの共有遺産を大切にしよう**

- 旅立つ前に旅先の慣習，伝統，生活様式を調べておこう。それはその地域を理解するうえで有効であり，旅の体験を生き生きとしたものにしてくれるはず。
- 現地の言葉を二言三言でも話せるようにしよう。これは，あなたと地域の人々とのつながりを後押しし，より意味のあるものにしてくれるだろう。
- 世界中の旅先を多様で個性的なものにしている歴史や建築，宗教，服装，コミュニケーションの方法から音楽，芸術，料理に至るまでを体験し，そのすべてを尊重しよう。
- 他人を撮影する時はいつも，事前に必ず許可を得よう。あなたと同様にプライバシーがあるのだから。撮りたい写真のためにお金を渡してはならない。

② **私たちの地球を守ろう**

- 森の守護人となったつもりで，自然資源，環境への影響を軽減しよう。とりわけ森や湿地を保護は重要だ。
- 野生動植物の暮らしとそれらの生息地を尊重しよう。動物を利用したアトラクションは残酷と感じる。
- 硬木（マホガニー等）の絶滅危惧種の動植物で作られていない製品を購入しよう。
- 保護地域では，許可された場所にしか立ち入らないようにしよう。立ち入り禁止区域にお金を渡して連れて行ってもらうような行為は慎むべきだ。
- ゴミ，使い捨てプラスチック製品，水やエネルギーの消費をできる限り事前に計画し，二酸化炭素排出量を削減しよう。
- 旅先にはよい印象以外，できるだけ何も残さないようにしよう。

③　地域経済をサポートしよう

- 地元で作られた工芸品や製品を購入しよう。適正な価格を支払うことで地域の販売者や職人の生活を尊重しよう。
- 偽造品や，国や国際規制によって禁じられた製品を買うのはやめよう。
- その土地について深い知識を持っている地域のガイドを雇って案内してもらおう。
- 多様性や格差是正につながるビジネス（公正な取引／フェアトレード等）を支援しよう。
- ゆっくりと，人があまり訪れていないエリアを訪れよう。

④　安全に旅しよう

- 旅先の公衆衛生情報を事前に調べよう。不安があれば現地の観光局へ問い合わせよう。
- 査証や保険の注意事項に必ず目を通そう。取消し条件や旅行者の権利について確認しよう。
- 感染が続いている環境においてはソーシャルディスタンスを取るよう心掛けよう。
- 緊急事態に備えて現地大使館や医療機関の連絡先を確認しておこう。

⑤　旅先の情報に通じた旅人になろう

- ボランティアツーリズムに参加する際には，十分に事前調査をしよう。
- 環境方針や地域貢献プロジェクトに参加しているツアーオペレーターを選ぼう。表面上は環境配慮や倫理的にみえるが，そこで働く労働者の適切な労働条件を提供していない事業者は多い。
- 旅先の法律や条例をよく調べよう。宗教関連施設では施設内のルールを守り，プライベートな空間であることを尊重しよう。
- 人権を尊重し，児童を搾取から守ろう。児童虐待は犯罪である。
- お金や物を乞う子供がいる場所では地域プロジェクトへの支援をしよう。
- 地域の人々とその暮らしを尊重し楽しもう。それを通じて彼らの文化を理解しよう。
- 文化保護遺産は写真を撮るに留めよう。

⑥　デジタルを賢く使おう

- 旅の開始前にレビューやブログをチェックしよう。
- 旅を終えたら正直なコメントをSNSに投稿し，旅行体験をプロモーションしよう。

- 写真を投稿する前に写っている人の気持ちも考える配慮を持とう。相手の立場になって投稿をしよう。
- 旅先であなたが知った非営利プロジェクトやコミュニティプロジェクトの取組みについてSNS等を活用して広めよう。
- 不公正，搾取，差別などがあったらレポートしよう。

（出所）　UNWTO Responsible Traveller.
　　　　https://webunwto.s3.eu-west-1.amazonaws.com/s3fs-public/2020-07/Tips-for-
　　　　Responsible-Traveller-WCTE-EN.pdf

　また旅行者はよきカタリスト（媒介者）として，観光地や観光体験を通じて知り得た，日常をより良い世界に変えていく知恵や情報を，自身の生活圏へ持ち込み，日常のライフスタイルをイノベーションしていくことも期待される役割である。

（6）アカデミア（大学・研究機関・美術館や博物館・自然公園ビジターセンター・高校・国際機関）

　将来の観光分野を支える人財の育成と知識を修得する観点からアカデミアの果たす役割は大きい。とりわけサステナブル・ツーリズムという新たな考えの枠組みを研究し，日本におけるサステナブル・ツーリズム像を描き，実行していくためにはアカデミアは重要なステークホルダーである。
　アカデミアの主要な役割を5つの領域（研究調査，教育，協働連携，人財育成，啓発活動）から捉えることができる。

①　研究調査の領域

　地域の個別の利害に直接に関わらない存在としてアカデミア（大学・研究機関）の存在意義は大きい。アカデミアが中心となり地域の資源や課題を調査した上で持続可能な観光地の枠組みをデザインしていくことは重要である。また，UNWTOが進めるINSTOプロジェクトやOne Planet Projectにおいては，大学と地域が連携して地域観光の持続可能性について研究・検証していくことが求められている。

②　教育の領域

　初等中等教育におけるSDGsに関わる基礎的知識の修得は，人財育成を進めていく上でも重要である。また，高校の学習カリキュラムが探求学習へとシフトする環境下では，修学（教育）旅行の機会を通じて，SDGsを理解し，体験する場となる。同時に，大学生・専門学校生のインターンシップを通して，持続可能な観光地のあり方を習得する。

③　協働連携の領域

　地域の観光資源を磨き上げていく上では，地域の歴史・文化・自然に関する専門知識を有する機関（大学・専門学校・高校・博物館・美術館・郷土資料館・国立公園ビジターセンター）として，地域の自治体，事業者，地域DMO，国内ランドオペレーター等と協働して，アカデミックな側面から付加価値を提供し，魅力ある観光資源へと昇華させていく役割を担う。

④　人財育成の領域

　地方部における観光人財育成では，観光領域を専門とする高校・大学・専門学校との連携は非常に重要であり，その育成対象は若者だけでなく，副業なども視野に入れた社会人や退職後の充実したセカンドライフを考えるシニア層も含まれる。これから社会に参画する若者あるいは引退後の社会貢献等を考えるシニア層等幅広い層に対してサステナブル・ツーリズム分野の知見を発信していくことは日本の観光産業基盤を支え，シフトチェンジを促すものとなる。

⑤　啓発活動の領域

　SDGsに関わる諸外国の先進的事例や実践者の取組みの報告は，地域の現状を再確認し，今後の方向性を見極めていくためにも重要である。加えてSDGsの基本的な考え方を理解することはプログラム開発においても重要である。今後，地方部にSDGsに基づく持続可能な観光地を普及発展させていく上で，国際的な交流事業の中核として，アカデミアの役割は大きい。

（7）金融セクターの役割

　金融セクターは，観光関連地域事業者がサステナブル・ツーリズム事業を推

進するにあたって必要となる，金融面でのサポートを行うことが期待される。加えて，ビジネス面におけるサポートとして，持続可能なビジネスモデルの構築に向けてのアドバイスや経営課題に対する解決策の提案，新規事業の創造や既存事業の拡大に向けた提案を行う等，サステナブル・ツーリズムの趣旨を踏まえた上で，関係ステークホルダーとも協調した積極的な支援が求められる。

　すべての産業セクターに関わっている金融機関への期待は大きく，特に地域金融機関は，財務データや担保・保証に必要以上に依存しない事業性評価に基づく融資や，取引先の紹介によるビジネスマッチング，他地域での好事例の横展開等，業種横断的・地域横断的な連携を担うこともできることから，サステナブル・ツーリズムの推進に繋がる各種取組みへの積極的な関与が期待される。

　また，事業や地域等のSDGs（持続可能な開発目標）達成に向けた取組みに対する資金・関連資金およびその借換え資金等を優遇金利で資金を借り入れる枠組みもSDGs推進の支援策の一環として各地で進んでいる。

(8) NGO・NPO・市民

　グローバルとローカルでそれぞれサステナブル・ツーリズムの担い手として活動している。通常企業として取組みが後手に回るグローバル・ローカルな社会課題に対して支援や貢献プログラムのフレームを設定し，共感する企業なら誰でも参画できるプラットフォームを構築する。運営資金や人材に課題がある場合は共感する企業の支援を得ながら推進し，観光業界の課題に企業に先んじて旗を振って先導する役割がある。一方，地域観光事業者，地域DMOや国内ランドオペレーター，国内旅行会社や海外ツアーオペレーターの地域での事業活動がサステナビリティを推進しているのかのチェック機能を果たす顔も持ち合わせる。また，サステナブル・ツーリズムを通じたSDGsへの達成に貢献をする組織への評価を社会に向け客観的に発信しサステナビリティの潮流を創出することや，サステナブル・ツーリズムへの取組みに積極的でない組織などに行動変容を促す役割を担う。

　市民は地産地消，地域での祭祀をはじめとした地域に伝統的に存在する催事への支援，地域での就労，エシカル消費，旅行者との交流を通じた地域文化の発信等，サステナブル・ツーリズムに取り組む地域観光事業者や地方公共団体を積極的に支援する役割や，市民自らがサステナブル・ツーリズムの担い手と

しての事業者の従業員として貢献する役割が期待される。アカデミア，地域DMO，ランドオペレーターと連携し，地域に根差した地域観光事業を支える観光人材としての役割を担う。

（9）政府／JNTO

　政府は政策立案者としてサステナビリティを常に織り込んだ観光政策立案を進める役割を担う。地方公共団体，地域DMO，観光関連地域事業者や国内ランドオペレーター，国内旅行会社や海外ツアーオペレーターといったサステナブル・ツーリズムの担い手が観光によるSDGs達成を通じた地方創生実現への意識醸成，各ステークホルダーが連携するプラットフォームの組織・枠組み作り支援や，これをサポートするような制度整備を行う。また，災害対策を含めた観光危機管理に対する知見を蓄積し，日本国内の自治体が地域の観光事業者と協力しながら実践できる観光危機管理ツールキット制作や研修・体制構築を進める。

　JNTOは日本におけるサステナブル・ツーリズムの観光コンテンツの造成等を支援し，取組み事業者の増加を図るとともに，日本の観光ブランドの１つの柱として，サステナブル・ツーリズムに取り組む地域やその観光コンテンツを海外に発信していく役割を担う。

　政府・JNTOの取組みを通じて，地方公共団体，地域DMO，観光関連事業者，アカデミア，市民等のSDGsに貢献する「サステナブル・ツーリズム」に対する認知度や関心が高まるだけでなく，実際にサステナブル・ツーリズムに取り組む観光関連地域事業者のすそ野が広がり，観光を通じた地域の自律的な好循環が期待される。今後，各省庁が進めているテーマ別ツーリズム等はサステナブル・ツーリズムへマス・ツーリズムの進化系として期待ができる。今後，省庁横断的にサステナブル・ツーリズムの枠組みを整理して互いに活用していくなどの議論も重要となるであろう。

■テーマ別ツーリズム事例
　エコツーリズム：環境省　　文化ツーリズム：文化庁
　スポーツツーリズム：スポーツ庁　　産業観光：経済産業省・日本観光振興協会

農泊・アグリツーリズム：農林水産省　　酒蔵ツーリズム：日本観光振興協会
アドベンチャーツーリズム：JNTO・環境省

　なお参考までに国際観光業界で共有されたサステナブル・ツーリズム推進に関わる宣言や署名について以下の通りまとめた。

Ⅰ．国際的な取組み
1．国際的なフレームワーク
1）世界観光倫理憲章：

　https://www.unwto.org/global-code-of-ethics-for-tourism
2）Global Sustainable Tourism Council Criteria

　https://www.gstcouncil.org/gstc-criteria/
2．プラスチック利用削減
1）UNWTO Tourism Highlight 2019に観光政策にプラスチック対策と気候変動対策を観光政策に取り込むことでより持続可能な観光政策となると発表。

　https://www.e-unwto.org/doi/pdf/10.18111/9789284421152
2）UNEPとWTTC共同で使い捨てプラスチック製品の再考についてのレポートを発表。

　Rethinking single use plastic products in Travel & Tourism

　https://wttc.org/Portals/0/Documents/Reports/2021/Rethinking%20
Single-Use%20Plastic%20Products%20in%20Travel%20and%20Tourism.
pdf?ver=2021-06-15-113544-007
3．人身取引撲滅関連
1）世界旅行ツーリズム協会（WTTC）は2019年４月にスペインのセビリアで開催されたWTTCグローバルサミットで観光における人身取引撲滅にむけたタスクフォースを設立。

　https://ecpat.org/travel-tourism-council-human-trafficking/
2）世界旅行ツーリズム協会（WTTC）は2021年７月に観光における人身取引防止ガイドラインを発表。

　https://wttc.org/Portals/0/Documents/Reports/2021/Human-Trafficking-
Framework.pdf?ver=2021-07-27-113613-803
3）世界旅行ツーリズム協会（WTTC）は2021年７月に観光における人身取引防止キャンペーンをIt's a Penaltyと共同で展開。

https://itsapenalty.org/

https://www.youtube.com/watch?v=km4upk9kfK4&t=117s

４．生物多様性保全関連

１）世界旅行ツーリズム協会（WTTC）は2019年４月ブエノスアイレス大会にて観光関連業界における「違法野生動物取引反対宣言」を実施。

https://www.wttc.org/priorities/sustainable-growth/illegal-wildlife-trade/

２）2021年７月に観光・旅行セクターにおける野生動植物違法取引ガイドラインを発表。

Guidelines for the Travel & Tourism sector on the integration of the WTTC Declaration on Illegal Wildlife Trade and Zero Tolerance Policy

https://wttc.org/Portals/0/Documents/Reports/2021/Illegal-Wildlife-Trade-Guidelines.pdf?ver=2021-07-15-102438-370

５．気候変動・カーボンエミッション

１）世界旅行ツーリズム協会（WTTC）は2019年９月ニューヨークの観光と気候変動の会議において，国連気候変動枠組条約事務局の支援の下，2050年までにWTTC加盟企業（署名企業）がカーボンニュートラル（排出と吸収のバランスを取ること）を目標とすることを宣言。

https://unfccc.int/news/new-action-plan-towards-achieving-climate-neutrality-in-travel-and-tourism-by-2050

２）Driving Climate Action: A Net Zero Roadmap for Travel & Tourism

https://action.wttc.org/climate-environment

３）The Glasgow Declaration: An urgent global call for commitment to a decade of climate action in Tourism

https://www.unwto.org/news/the-glasgow-declaration-an-urgent-global-call-for-commitment-to-a-decade-of-climate-action-in-tourism

６．Safe Travel Stamp

https://wttc.org/COVID-19/Safe-Travels-Global-Protocols-Stamp

７．インクルージョン＆ダイバーシティ

https://wttc.org/Initiatives/Sustainable-Growth/moduleId/2000/itemId/213/controller/DownloadRequest/action/QuickDownload

８．WTTCシームレス＆セーフトラベルジャーニーレポート

https://wttc.org/Initiatives/Security-Travel-Facilitation

Ⅱ．日本国内における持続可能な観光推進に関する取組み

１．観光庁「持続可能な観光ガイドライン」
    https://www.mlit.go.jp/kankocho/content/001350849.pdf
２．運輸総合研究所「観光を活用した持続可能な地域経営の手引き」
    https://www.jttri.or.jp/kanko_tebiki.pdf
３．国連世界観光機関：APTECサステイナブルツーリズム推進センター
    https://unwto-ap.org/sustainable/
４．日本政府観光局（JNTO）
１）SDGsへの貢献と持続可能な観光（サステナブル・ツーリズム）の推進に向けて 取組方針
    https://www.jnto.go.jp/jpn/news/press_releases/20210622.pdf
２）Explore Deeper Sustainable Experience in Japan
    https://partners-pamph.jnto.go.jp/simg/pamph/1683.pdfSDG
５．食品ロス
    食品ロスの削減の推進に関する法律（2019年10月 1 日施行）
    https://www.caa.go.jp/policies/policy/consumer_policy/information/food_loss/promote/pdf/promote_190531_0002.pdf
６．内閣府　地方創生SDGs官民連携プラットフォーム
１）第 2 期「まち・ひと・しごと創生総合戦略:P139」サステナブル・ツーリズムへの取組み
    https://www.chisou.go.jp/sousei/info/pdf/r02-12-21-senryaku2020.pdf
２）"観光を通じた地方創生のSDGs達成貢献"に関する勉強会
    https://future-city.go.jp/platform/session/detail_c017.html

●注
⑴　https://webunwto.s3.eu-west-1.amazonaws.com/s3fs-public/2020-07/Tips-for-Responsible-Traveller-WCTE-EN.pdf

（参考文献）

藤稿亜矢子（2018）『サステナブルツーリズム－地球の持続性の視点から』晃洋書房。

（付記）　本章の作成には，内閣府地方創生SDGs官民連携プラットフォームの下，「観光を通じた地方創生のSDGs達成貢献に関する勉強会」に参加メンバーの協力を得ている。

第 **Ⅲ** 部

成長への3つの処方箋

第6章　観光リスクと企業戦略

1　リスクとは

　一般にリスクとは，「危険性」といわれ，負の影響をもたらす可能性を確率的に予測した事象である。他方，確率的に予測不可能な事象を「不確実性」とよび，これには負の影響だけでなくプラスの影響も含まれている。ISO（国際規格）では，これまでリスクを「事象の発生確率と事象の結果の組合せ」と考え，「ある事象に関する未来の不確実性のうち，現時点で想定している否定的効果」と定義していたが，近年ではリスクを否定的効果だけでなく，「不確実性が目的に与える効果（effect of uncertainty on objectives）」と定義し，プラスの効果を含めて包括的に捉えている[1]。

　リスクに関する伝統的な分類法として，「純粋リスク」と「投機的リスク」の二分法がある。「純粋リスク（pure risk）」とは事故や災害のように損失の影響を考慮したリスクである。各事象の発生確率を数値的に予測することが可能な場合は保険化も可能であり，保険可能リスク（insurable risk）ともよばれる。また，純粋リスクは「静態的リスク」ともいわれ，不変性が保たれた社会や経済状況において発生するリスクであり，発生確率が予測可能である。

　「投機的リスク（speculative risk）」とは「ビジネスリスク」「戦略リスク」ともよばれ，ビジネスチャンスを伴った不確実性であり，損失だけではなく利益を発生させる可能性もあるが確率的に予測が難しい。投機的リスクは，「動態的リスク」ともいわれ，大きく変動する社会において発生するリスクであり，不規則で予測が立ちにくい。近年では，さまざまな不確実的な事象が発生しており，その中で，リスクは利益の源泉（チャンス）であると考えられ，積極的

に投資を行い，リスク負担と企業成長（利益追求）を同列に考える風潮もみられる。

2 リスクの類型

　伝統的リスクマネジメント理論では，上記で述べた包括的リスクを純粋リスクと投機的リスクに二分し，それぞれについて具体的リスクを挙げている[2]。**図表６－１**では，純粋リスクと投機的リスクのリスク分類を示している。純粋リスクは，「財産リスク」「収益減少リスク」「賠償責任リスク」「人的リスク」の４つのリスクに分類され，投機的リスクは，「経済的情勢変動リスク」「政治的情勢変動リスク」「法的規制変更リスク」「技術的情勢変化リスク」に分類される。純粋リスクとは，偶発的リスクや事故リスクであり，自然災害による財産の損失，取引先の倒産や施設の閉鎖に伴う収益の減少，特許侵害や過失による法的賠償責任の発生，役職者や従業員の死亡・疾病による損失などから構成される。これらのリスクは，損失のみを発生させ（loss only risk），当事者の意思とは関係なく発生する偶発的事象であり，確率的予測のもとで保険化が可能である。他方，投機的リスクとは，国や企業，個人の意思決定や行動に伴って発生するリスクであり，損失を発生させることもあれば，利益を発生させることもある（loss or gain risk）。景気や為替，金利などによる経済的情勢変動，政権交代や政策変更による政治的情勢変動，法律改正などの法的規制変更，そ

図表６－１ リスクの類型

純粋リスク	投機的リスク
（1）財産リスク 　　（自然災害・事故などによる財産の損失等） （2）収益減少リスク 　　（事業の中断・施設閉鎖・取引先倒産などの収益減少等） （3）賠償責任リスク 　　（著作権・特許侵害，製造物責任（PL），法的賠償責任等） （4）人的リスク 　　（従業員の疾病・死亡，事故後遺症等）	（1）経済的情勢変動リスク 　　（景気悪化・為替変動・投機失敗） （2）政治的情勢変動リスク 　　（政権交代・政変・政策変更等） （3）法的規制変更リスク 　　（法改正・条例改正等） （4）技術的情勢変化リスク 　　（技術革新・発明・特許等）

（出所）ISO31000をもとに作成

してAIやDXなどの技術革新や新発明による技術的情勢変化から構成される。企業において戦略的意思決定を行う場合，「リスクをとる（risk taking）」という言い方は投機的リスクに該当する。

3　リスク管理と危機管理

　社会環境が複雑化し，多様化するに従って，事故，災害，法的訴訟，経済変動，技術変化など，さまざまなリスクが外部環境や内部環境のもとで発生し，それらが形態を変え複合的リスクとして社会や企業を取り巻いている。その意味で，これらのリスクを回避し，被害を最小限に抑えるためのリスク管理のあり方がいま問われている。

　リスク管理（risk-management）とは，組織を取り巻くあらゆるリスクを洗い出し，整理し，リスク評価を行ったうえで，それらのリスクを回避するための対応策を事前に講じていくことである。一方，危機管理（crisis-management）とは，組織の継続を脅かすようなリスクが顕在化した際に，その影響を最小限にとどめ，危機的状況からいち早く脱出し，正常状態に戻すための事後的な緊急時の対応策である。

　JTB総合研究所ではリスク管理と危機管理を以下のように要約している[3]。

○「リスク管理」とは，想定されるリスクが"起こらないように"，そのリスクの原因となる事象の防止策を検討し，実行に移すことである。リスク管理では，想定されるあらゆるリスクを洗い出し，そのリスクが発生した場合，どのような影響があるかを分析する。そして，それぞれのリスクについて発生を抑止するための方策を検討し，影響度の大きさに従ってプライオリティをつけて，リスク防止策を実行することである。

○「危機管理」とは，リスクが発生した場合に，その負の影響を最小限にするとともに，いち早くリスク状態から脱出し，回復を図ることが基本となる。もちろん，防げるリスクであればその発生を防ぐことが望ましいが，自然災害や外部要因による人的災害や事故などの中には，自助努力で防ぎえないものも数多くある。危機管理においても，リスク管理と同様に，起こりうる危機やそれに伴うリスクをリストアップすることが必須である。しかし，危機管理の大きな特徴は，危機が発生したときに何をすればその災害や影響を最小化できるか

（減災），危機からの早期回復のためには何をすればよいかということが，検討の中心である。

　ここでの危機管理とは，リスク管理を包括したものであり，危機後の復興（recover）や組織の回復力（resilience）を見据えた管理手法であるといえよう。

4　リスク管理プロセス

　リスク管理を実施していく場合，これまでの伝統的リスク管理論では，次の手順を踏んで実施されることになる[4]。（1）リスクの発見（特定）⇒（2）リスクの分析（算定）⇒（3）リスクの評価⇒（4）リスク対策の選択と実施の4段階のプロセスで実施される。

（1）リスクの発見（特定）

　リスク管理プロセスにおいて，企業を取り巻くさまざまなリスクを網羅的に洗い出し，組織特有のリスクとして特定化することが必要である。3では，リスクを純粋リスクと投機的リスクに分類してリスクを特定化したが，企業組織にとっては，そのリスクが外部環境で発生するものなのか，内部環境で発生するものなのかを特定化しておくことは，その後のリスク分析やリスク対策にとって重要である。

　企業組織が直面するリスクを外部環境リスクと内部環境リスクに分類する。外部環境リスクとは，大きく分けると環境リスク（地震・異常気象など），政治リスク（制度改正・国際紛争など），経済リスク（金利上昇・株価下落など），社会リスク（消費者の嗜好の変化・風評被害など）から構成される。他方，内部環境リスクとは，経営リスク（倒産・資金繰りなど），営業リスク（商品欠陥，不買運動など），施設リスク（火災・システム障害など），労務リスク（横領・セクハラなど）から構成される。これらの外部環境リスクや内部環境リスクが相互に混ざり合い複合的リスクとして，企業に具体的な損失や被害を負担させることになる。

（2）リスクの分析（算定）

　次にリスクが企業組織に与える影響を「リスクが顕在化した場合の企業への影響度」と「リスクの発生確率」という２つの軸で，企業にとってのリスクの大きさ（リスクレベル）を算定する。「リスクが顕在化した場合の企業への影響度」は，その影響の大きさを数値データとして定量的に評価する場合と序列データとして定性的に評価する場合がある。定量化が困難な場合は定性評価が有効である。「リスク発生確率」とは，発生可能性もしくは事態の起こりやすさと捉えることができ，定量的あるいは定性的に算定される。定性的評価の場合は頻度を一般に「大」から「小」へ区分して評価される。これらの算出手法として，シナリオ分析法や数値シミュレーションなどが代表的である。シナリオ分析法とは，予測不可能な事態に対して，仮説にもとづきシナリオを作成し，その下で影響度を把握するものである。数値シミュレーションとは，過去のデータから各事象を数理モデル化し，そのモデルに基づき計算を行うことで，その事象を擬似的に表現する手法である。

（3）リスクの評価

　企業にとってのリスクレベルを定量的あるいは定性的に把握できたところで，次にそれらのリスクの影響度（大きさ）を評価しなければならない。リスクの影響度の評価方法として，定量的な数値データで把握できる場合，以下の演算式が一般的に用いられる[5]。

> リスクの影響度＝発生時の影響度＋発生確率もしくは発生時の影響度×発生確率

　発生時の影響度と発生確率との和もしくは積が大きくなるほど，企業組織にとってリスクの影響度は大きいと評価される。

　一方，定性データでリスクの影響度を評価する場合，発生時の影響度と発生確率を基準としてリスク・マトリクスを作成し，リスクを整理する。**図表６−2**は，縦軸に企業への影響度，横軸に発生確率をとったリスク・マトリクスである。発生時の影響度が大きく，発生確率が高いリスクほど，リスクの影響度は大きく評価され，逆に，発生時の影響度が小さく，発生確率が低いリスクほ

ど，リスクの影響度は小さく評価される。このようなリスク・マトリクスを用いることにより，リスクの特性を可視化でき，リスクを個別に評価できる[6]。

図表6−2　リスク・マトリクス

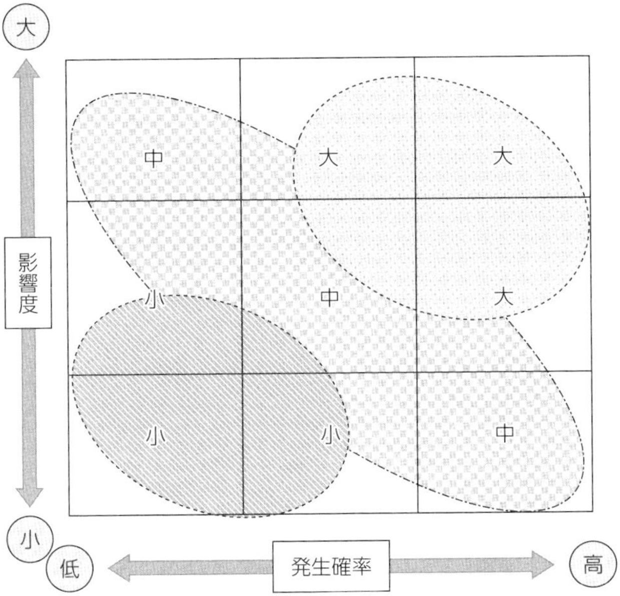

（出所）柳瀬・石坂・山﨑（2018）をもとに作成

　企業組織は，取り巻くリスクを洗い出し特定化して，その影響度合いを把握する。そして，それぞれのリスクをリスク・マトリクス上にプロットして，その影響の大きさを評価する。その下でリスクの影響度（緊急性や危険性）に応じてランクづけをして，リスク対応の意思決定を行う。なお，ISOの旧規格では，リスク評価はリスク特定とリスク分析で発見されたリスクレベル（頻度や影響）を比較し，その結果で対応の優先順位をつけることとしていたが，「ISO31000：2018年版（リスクマネジメント規格）」では，優先順位をつけることが削除され，リスク対応への「意思決定を裏付けること」と表記が変更されている。

（４）リスク対策

　「ISO31000：2018年版」の新規格では，リスク対応を「リスクに対処するために選択肢を選定し，実践すること」と定義し，リスク対応への反復的プロセスを織り込んでいる。反復的プロセスとは，PDCAサイクルと同様，リスク対応の選択肢の策定，選定，計画の実施，残存リスクの評価，リスクへの対応方針および対策のモニタリングと是正，リスク管理全体の有効性評価と是正というプロセスを繰り返し，リスク対応策を効果的に改善することである。

　リスク対応の選択として以下の７項目が挙げられている。

---

① リスク回避（リスクを生じさせる活動から関係を絶つ）
② リスクテイク・増加（ある機会を追求するためにリスクを取るまたは増加させる）
③ リスク原因の除去（リスクを生じさせる潜在的要因を取り除く）
④ 起こりやすさの変更（リスクの発生頻度を低下させること）
⑤ 結果の変更（目的に影響を与える事象の結末をコントロールすること）
⑥ リスクの共有（他者との合意に基づいてリスクを分散させること：保険購入等）
⑦ リスクの保有（リスクにより起こり得る損失を受容すること）

　図表６－３はリスク管理プロセスのフローチャートである。リスク管理プロセスは反復的プロセスであり，リスク対応の成果や活動目標が達成されているかを継続的にチェックすることが重要である。リスク対応の根拠は単なる経済的な考慮事項より幅広いため，リスク管理プロセスの各ステップにおいて，組織内外のステークホルダーと意思疎通を図る必要がある。企業組織は，ステークホルダーの価値観，認知および関与の可能性を理解し，適切なコミュニケーションおよび協議を通して，リスク対応を計画的に準備，実施していかなければならない。また，慎重に計画し，実施したとしても，リスク対応は予想外の結果をもたらすこともある。リスク対応の有効性を維持し，保証するためには，モニタリングおよびレビューによる実施体制が必要とされる。ただし，成果それ自体が不明瞭で即座にアウトプットに結びつかない場合もあり，短期的な視点だけで評価することは危険である。

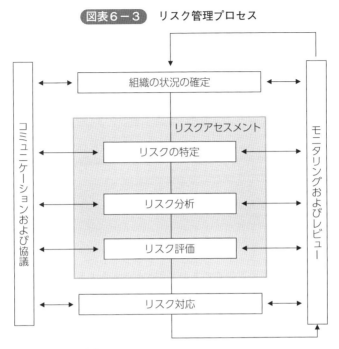

図表6−3 リスク管理プロセス

（出所）JISQ31000をもとに作成

5 事業継続計画（BCP）

　4でも述べたように，現代社会では，さまざまなリスクの脅威にさらされている。特にわが国においては，2004年の新潟県中越地震，2011年の東日本大震災，2016年の熊本地震，2018年の西日本豪雨と過去に例のない自然災害が多発しており，リスク管理の重要性が増している。また近年では，情報ネットワークを介した機密漏洩や集団グループによるサイバー攻撃（企業恐喝や個人データ盗難等）が頻繁に発生し，そのターゲットが個人に限らず企業組織にも向かいつつある。このような緊急事態に遭遇すると操業率は大きく落ち込み，復旧が遅れた場合は企業の信用やブランドの失墜につながり，事業継続を危うくし，廃業に追い込まれたりする。このようなさまざまなリスクに対応し，事業の継続やサプライチェーンの維持に向けた取組みが大企業を中心にいま進行しつつ

ある。

（1）事業継続計画（BCP）とは

2001年のアメリカ同時多発テロ以降，緊急事態への対応の重要性が広く認知されている。危機が起こった時に，事業の継続や短い時間で復旧させるための行動計画を予め策定しておくことが求められる。この行動計画をBCP（Business Continuity Plan）とよぶ。

事業継続計画（BCP）とは，「企業が自然災害，大火災，テロ攻撃などの緊急事態に遭遇した場合において，事業資産の損害を最小限にとどめつつ，中核となる事業の継続あるいは早期復旧を可能とするために，平常時に行うべき活動や緊急時における事業継続のための方法，手段などを取り決めておく計画のこと」である[7]。

BCPの導入により，緊急事態でも中核事業を維持し，早期の復旧を可能にし，操業率を向上させ，さらにはサプライヤーとして市場の信頼を得て事業の拡大も期待できる。なお，BCPと対比されるものにBCM（事業継続マネジメント）がある。これは，BCPの策定から改善・運用までを総合的に管理するもので，非常事態そのものへの対策ではなく「対策手段の運用プロセス」を設計することである。BCPが「危機発生時の事業継続」を考えるものであるのに対して，BCMはそれらの「計画・導入・運用・改善」などを考えるものであり，ISO 22301の国際規格で規定されている。

BCPの策定には以下の特徴がある。

①　優先して継続・復旧すべき中核事業を予め特定化しておくこと。
②　緊急時における中核事業の目標とすべき復旧時間を予め定めておくこと。
③　緊急時に提供できるサービスのレベルを顧客と予め協議しておくこと。
④　事業拠点や生産設備，仕入品調達等の代替策を用意しておくこと。
⑤　すべての従業員と事業継続についてコミュニケーションを図っておくこと。

（2）BCP対策と防災対策の違い

BCP対策と類似した言葉に「防災対策」がある。これらは重複する意味合い

もあるが，いくつかの点で違いがある。まず，防災対策とは，人命を第一にして建造物，機器，機材などの資産の保守に重点を置かれている。他方，BCPは，危機において顧客や従業員の人命の保護が最優先とされるが，同時に危機に際して事業継続に重点が置かれる。そのため，BCPは損失を回避するための対策だけでなく，中核事業やサプライチェーンの復旧対策など，一般的な防災対策とは異なる観点から対策が講じられる[8]。

（3）BCP対策のメリット

内閣府は『事業継続ガイドライン』においてBCP対策を推し進めていくことのメリットを以下のように指摘している[9]。

①　企業価値を高める

BCPの運用を適切に進めることで，株主，取引先，消費者，行政，従業員などから，災害時の事業継続の対策ができている企業であると評価されることになり，結果的に取引の拡大や企業価値を高めることになる。

②　中長期的な経営戦略を練る機会になる

対策を検討することで優先すべき中核事業を絞り込み，企業にとって重要な業務，プロセス，資材等の優先順位を把握することは，見方を変えれば経営戦略を練ることであり，経営戦略の立案に役立てることができる。

③　企業の社会的責任を果たす

緊急時において経営者の姿勢を明示することによって，従業員の安心感を生み，取引先や協力会社との関係を強化することができる。また，顧客の安全確保，環境汚染などの二次災害の防止，早期の業務回復による地域の雇用確保，地域貢献・地域との共生等企業の社会的な責任を果たすことにもなる。

（4）BCP対策の発動フェーズ

BCP対策の発動から全面回復に至るまでは，①BCP発動フェーズ，②業務再開フェーズ，③業務回復フェーズ，④全面復旧フェーズの大きく4つのフェーズに分けることができる[10]。各フェーズにおいては，BCP発動から回復後の事

後処理まで，経営層の的確な意思決定が求められる。

①　BCP発動フェーズ

災害や事故の発生（あるいは発生の可能性）を検知してから初期対応を実施し，BCP発動に至るまでのフェーズである。発生事象の確認や安全確保，対策本部の速やかな立ち上げ，被害状況の情報収集，対応の優先順位の再決定など，基本方針を決定する。

②　業務再開フェーズ

BCPを発動してから，バックアップサイト・手作業などの代替手段により業務を再開し，軌道に乗せるまでのフェーズである。代替手段への確実な切替え，復旧作業の推進，資材や要員などの経営資源のシフト，BCP遂行状況の確認，基本方針の見直しなどが実行される。また，最も緊急度の高い業務（基幹業務）が再開される。

③　業務回復フェーズ

最も緊急度の高い業務や機能が再開された後，さらに業務の範囲を拡大するフェーズである。これは業務形態を平常時に戻すためのフェーズである。代替設備や代替手段を継続する中での業務範囲の拡大となるため，現場の混乱に配慮した慎重な判断が求められる。また，これらの作業を行う間に，全面復旧はいつ頃になりそうかの目途を立て，必要に応じて社内・社外に向けて報告を行う。

④　全面復旧フェーズ

代替設備・手段から平常運用へ切り替えるフェーズである。全面復旧に向け，③で検討した資源を再配置し，平常運用を本格的に行う。また，総括として，被害状況やステークホルダーへの影響の大きさを検証し，再発防止策やBCP対策の見直しなどを検討する。

（5）BCP策定の課題

内閣府は，事業継続計画（BCP）に対する企業意識調査を隔年で実施し，『企

図表６−４　事業継続計画（BCP）を策定していない理由（複数回答）

(%)

		全体	大企業	中堅企業	その他企業
1	法令等による規定・規制がない	22.0	34.6	23.5	20.9
2	国や地方公共団体の入札要件にない	4.7	0.0	7.8	3.7
3	優遇措置がない	4.7	16.1	8.0	3.1
4	業界団体の要請がない	7.4	17.1	10.0	6.1
5	親会社・グループ会社の要請がない	18.5	18.5	21.6	17.4
6	株主の要請がない	9.2	17.6	7.7	9.3
7	金融機関からの要請がない	7.5	5.3	10.9	6.4
8	取引先や顧客からの要請がない	12.2	10.7	14.2	11.5
9	策定に必要なスキルやノウハウがない	38.8	36.1	53.3	33.7
10	策定費用が確保できない	21.4	16.1	27.7	19.3
11	策定する人材を確保できない	38.2	33.8	49.6	34.2
12	BCPは重要と考えていない	6.2	0.0	6.2	6.5
13	国，地方自治体，業界団体のガイドライン等が自組織に即していない	2.9	0.0	4.8	2.3
14	策定に際して適切な相談ができる先・関係者がわからない	14.0	11.6	16.7	13.2
15	過去に災害，事故の経験等がない	17.1	6.3	12.7	19.1
16	策定後の効果が不明	14.9	33.8	13.3	14.6
17	その他	8.6	0.0	4.1	10.6
	無回答	1.7	14.5	2.3	0.9

注：対象は事業継続計画（BCP）を「策定予定はない」と回答した企業187社
（出所）内閣府「令和３年度　企業の事業継続及び防災の取組に関する実態調査」より作成

業の事業継続及び防災の取組に関する実態調査』として公表している。**図表６−４**は2022年１〜２月に実施した調査結果で「BCPを策定していない理由」を複数回答で尋ねたものである。全体では「策定に必要なスキルやノウハウがない」が38.8％で最も高く，すべての企業規模において高い比率を示している。特に，中堅企業においてはその比率は５割を超えており，大企業およびその他企業と比較して高くなっている。次いで，「策定する人材を確保できない」（38.2％），「法令等による規定・規制がない」（22.0％）が上位に続く。また，「策定費用が確保できない」（21.4％）との回答比率も高く，策定費用の確保に苦戦

する企業の実態が察せられる。企業規模別にみると，大企業では「策定後の効果が不明」（33.8％）が上位にあり，中堅企業では「親会社・グループ会社の要請がない」（21.6％）が高い比率を示している。過去に災害や事故の経験がない企業においては，自組織に即した具体的な対応策を講じることに課題を抱えているといえよう。

　上記と同様の調査を内閣府は2008年に実施している（**図表６－５**）[11]。この時点でも策定時の課題として，「策定に必要なスキル・ノウハウがない」や「策定する人手を確保できない」を挙げる企業が多く，大企業，中堅企業とも高い比率を示している。上記の調査との間に十数年が経過しているが，BCP策定の課題はその後も変わっておらず，BCP策定における企業改善の難しさを示している。

6　観光リスクと危機管理

　観光におけるリスクといえば，地震や台風，津波，豪雨，豪雪などの自然災害や戦争，国際紛争，テロ，火災，感染症，さらにはシステム障害など幅広く存在する。近年，自然災害や感染症のリスクが蔓延し，観光事業者にとっても大きな脅威となっている。かつて「観光は平和へのパスポート」と言われた時代もあったが，観光の不要不急が叫ばれる今日においては，安心・安全が保障された社会であるとは到底いえない。

　1で論じたように，リスクは純粋リスクと投機的リスクに分けることができる。以下では，観光リスクを純粋リスクと投機的リスクの両面から論じる。

（1）観光の純粋リスクと危機管理

　観光の純粋リスクを論じる場合，観光リスクを包括した「観光危機」の側面から論じられる場合が多い。観光庁では，観光危機を以下のように定義している。観光危機とは，「自然災害や事故・事件等の人為的災害，感染症の流行等の発生，観光を取り巻く環境の急激な変化，また，それらに伴って風評や誇張された情報が広がることにより，旅行者や観光客の安全が脅かされ，観光産業に甚大な負の影響が生じた場合で，限られた時間と不確実な状況の下で事態に対応するための意思決定をしなければならない状況や事象」のことである[12]。

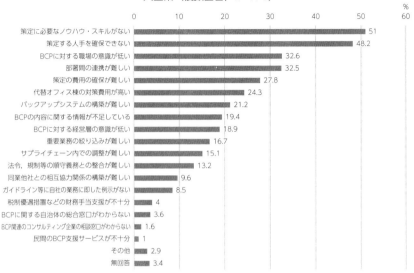

図表6－5　事業継続計画（BCP）策定時の問題点・課題

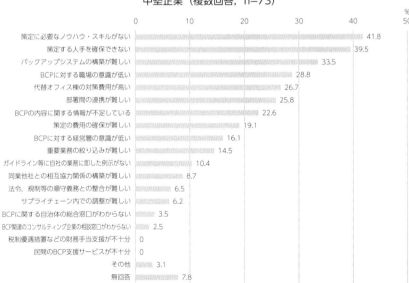

（出所）内閣府（2008）「企業の事業継続及び防災の取組に関する実態調査」より作成

　この定義のもとで，「観光客や観光産業に甚大な負の影響をもたらす観光危機をあらかじめ想定し，被害を最小化するための減災対策を行い，観光危機発生時における観光客への情報発信，避難誘導・安全確保，帰宅困難者対策等をあらかじめ計画・訓練し，危機発生時にはそれに基づく迅速な対応を的確に行うとともに，観光危機の風評対策，観光産業の早期復興，事業継続支援等を組織的に行うこと」を「観光危機管理」と称している。

　観光を取り巻く純粋リスクとして，**図表６－６**で示したものを挙げることができる。これらの純粋リスクは旅行者や観光客に対して重大なる被害や影響を及ぼすと共に，観光関連事業者に対しても経営的に大きなダメージをもたらし観光関連産業全体の衰退に陥る危険性もある。その意味では，平常時から観光危機管理のあり方を明確にし，減災への取組みを実施しておく必要がある。

図表６－６　観光危機の分類と事例

観光災害・危機	事　例
自然災害	地震，風水害，異常気象（豪雨・豪雪），台風，津波等
人為的災害・危機	大規模火災，交通事故，航空機事故，船舶事故，原発事故，労働災害，通信障害，テロ，サイバー攻撃，ハイジャック，ヒューマンエラー等
健康に係わる危機	食中毒，新型コロナウイルス感染症，新型インフルエンザ，感染症，危険薬物，公害病等
その他の災害・危機	政治的危機（国際紛争，戦争，政変等），経済危機（金利変動，為替変動，物価変動等），社会リスク（風評被害，都市化問題等）

（出所）観光庁資料をもとに作成

（２）観光の投機的リスク

　観光リスクの１つである投機的リスクに関する視点は，被害や災害を伴う純粋リスクに比べて十分であるとはいえない。前記「**２　リスクの類型**」でも論じたように，投機的リスクとは，「国や企業，個人の意思決定や行動に伴って発生するリスクであり，損失を発生させることもあれば，利益を発生させることもある」リスクである。リスクからもたらされる「損失」は視覚化しやすいが，「利益」に関しては，予測は可能であるが，その実態を把握することは難しい。石井（2018）は，観光庁の関係予算細目から投機的リスクを導出した。予算を投じて，観光施策を実施する場合，その施策が結果的に観光客の増加を

もたらすこともあれば，単なる施策で終わることもある。石井は，このように細目自体が奏功するか否かで投機的リスクを判断している。

　本章では，企業が観光活動を行う際に新たなビジネスを展開するチャンスやさまざまなオポチュニティにつながるものを観光の投機的リスクと考える。立教大学・JTB総合研究所（2021）では，以下の項目を観光の投機的リスクと捉えて，リスクとチャンスに分けて企業意識を把握した。

■投機的リスク項目

①インバウンド，②ハラル対応，③産業観光，④ホスピタリティ，⑤総合型リゾート（カジノを含むIR施設），⑥環境ツーリズム，⑦ヘルスツーリズム，⑧地域振興プロジェクト，⑨民泊，⑩日本文化，⑪MICE，⑫キャッシュレス，⑬シームレストラベル/コンタクトレス/顔認識，⑭ワーケーション

　なお，これらの詳細な分析は**7**で行う。

（3）観光リスク対策

　リスク対策については，**4**で述べたように，リスク管理には一定のしくみがある。

①　リスクの回避

　リスクの回避とは，発生頻度や影響の度合いの高いリスクへの対策である。一般的にリスクヘッジともいわれる。極めて甚大な影響のあるリスクに対しては，活動行為や取引そのものを中止するなどの対策を実施する。特に，観光リスクにおいては，観光客や旅行者に対する影響が大きく，回避のタイミングが重要である。また，飲食店などの事業所においては業績の低迷を招く場合は休業などの措置も必要とされる。

②　リスクの移転（分散）

　リスクの移転（分散）とは，リスクの影響を第三者に移転することをいう。代表例としては，保険やデリバティブの活用がある。「海外旅行保険」や「国内旅行保険」が代表的な保険商品であるが，リスクに対応してさまざまな保険

商品が用意されている。

③　リスクの低減

　リスクの低減とは，リスクの影響ならびに発生頻度を低減する対策である。それは，安全対策（定期点検，社員教育，マニュアル整備等）などの自助努力が中心となる対策である。リスクが発生したときの対応が低減策であり，被災を拡大させないための対策といえる。避難訓練や避難誘導などは，観光客にとどまらず観光関連事業者にとっても被災者を増やさないという点で重要である。

④　リスクの保有（許容）

　リスクの保有（許容）とは，リスクの影響度が小さく，頻度も少ないために，特段の配慮を何も必要としないという場合である。つまりリスク対策の費用対効果を考えて，リスク自体を許容する場合である。

　上記が観光リスクに対する対策であるが，JTB総合研究所では，観光危機管理に関して，「減災（Reduction）」「危機への備え（Readiness）」「危機への対応（Response）」「危機からの復興（Recovery）」の４つの‘R’を提唱している[13]。
　これらは上記の対策と重複するところもあるが，４つ目の「危機からの復興」は，観光地の事業継続にとっては特に重要である。危機後の観光地を１日でも早く元の状態に戻すためには，観光インフラの修復や観光振興のためのマーケティングなどを早急に検討し，計画することが必要とされる。また，災害による被害を直接に受けなかった地域でも必要となる場合もあり，通常の状態に戻るためには，緊急的対応が終わったあとも継続的な対策が求められる。

7　「観光産業におけるSDGsの取り組み推進に向けた組織・企業団体の状況調査」から得られる知見

　本節では，立教大学観光学部とJTB総合研究所が共同で実施した「観光産業におけるSDGsの取り組み推進に向けた組織・企業団体の状況調査」（以下：本調査）に基づき，その結果を精査し，分析考察を行う。

（1）調査概要

・調査時期：2020年10月～2021年1月
・調査対象：全業種の企業等
・調査方法：オンライン回答と郵送での回答
・回　答　数：総回答数1,630件（有効回答数846件）

（2）分析対象業種

　本調査では，14業種の企業と「その他」などを調査対象としている（**図表6－7**参照）。本節では，全業種を「観光関連業種」と「その他の業種」に分けて，「その他」を除外して分析を進める。観光関連業種とは，飲食店，運輸業，サービス業，旅行業，宿泊業で構成され，有効回答数は355件である。その他の業種とは，農業・林業・漁業，建設業，製造業，卸売業・小売業，金融業・保険業，不動産業，情報通信業，電気・ガス・水道・熱供給業で，有効回答数は356件である。

図表6－7 分析対象業種

観光関連業種		その他の業種	
業　種	有効回答数	業　種	有効回答数
飲食店	7	農業・林業・漁業	18
運輸業	33	建設業	78
サービス業	123	製造業	119
旅行業（旅行代理店など）	162	卸売業・小売業	74
宿泊業	30	金融業・保険業	14
合計	355	不動産業	12
		情報通信業	33
		電気・ガス・水道・熱供給業	8
		合計	356

（出所）立教大学・JTB総合研究所（2021）より作成（以下，図表6－8～図表6－16に同じ）

（３）リスクとチャンスに対する認識度合

　本調査では，観光を取り巻くさまざまな動きの中で，各企業がその動きをビジネスにとってリスクと捉えているのか，もしくはチャンスとして捉えているのかを明らかにするために，観光ビジネスに関する主要な14項目を予め定めて，「関係なし」「当面関係ある」「将来関係ある」の３つのカテゴリーから回答を求めた。

> 観光を取り巻くさまざまな動きの中で，ビジネスにとって当面（2021〜2022年までの間）または将来において，**リスク**として捉える項目

　図表６−８は，観光関連業種とその他の業種別に観光ビジネスに関する14項目に対して，リスクとしての認知度を示したものである。観光関連業種において，リスクとして「当面関係ある」「将来関係ある」の回答で最も高かったものは「地域振興プロジェクト」（64.6％）で，次に「キャッシュレス」（62.0％），「ホスピタリティ」（59.6％），「産業観光」（57.6％）が上位に続く。その他の業種では，「地域振興プロジェクト」（46.3％）が観光関連業種と同様に最も高く，「キャッシュレス」（37.8％），次に「インバウンド」（32.9％），「ワーケーション」（31.1％）と続く。「関係なし」と回答した項目では，各業種とも「民泊」に対する回答が最も高い。観光関連業種，その他の業種において，項目ごとの回答に分散の違いがあるかをみるため等分散検定を行った[14]。５％水準の有意性でみると「地域振興プロジェクト」と「キャッシュレス」については，観光関連業種とその他の業種で母集団が等分散であり，それ以外の項目は分散に差があることが統計的に確かめられた。

> 観光を取り巻くさまざまな動きの中で，ビジネスにとって当面（2021年〜2022年までの間）または将来において，**チャンス**として捉える項目

　図表６−９は，上記と同様，観光ビジネスに関する14項目に対して，チャンスとしての認知度を示している。観光関連業種において，チャンスとして「当面関係ある」「将来関係ある」の回答で最も高かったものは「地域振興プロ

図表6−8　ビジネスにとってリスクと捉える項目（複数回答）

観光関連業種			項　目	その他の業種			等分散検定	
関係なし	当面関係ある	将来関係ある		関係なし	当面関係ある	将来関係ある	F統計量	有意確率
182	115	54	インバウンド	238	85	32	15.298	0.000
51.9	32.8	15.4		67.0	23.9	9.0		
228	62	57	ハラル対応	287	40	24	78.735	0.000
65.7	17.9	16.4		81.8	11.4	6.8		
148	148	53	産業観光	252	63	33	8.793	0.000
42.4	42.4	15.2		72.4	18.1	9.5		
141	160	48	ホスピタリティ	249	83	18	19.468	0.000
40.4	45.8	13.8		71.1	23.7	5.1		
213	62	74	総合型リゾート	286	32	32	93.505	0.000
61.0	17.8	21.2		81.7	9.1	9.1		
158	116	77	環境ツーリズム	264	52	34	37.201	0.000
45.0	33.0	21.9		75.4	14.9	9.7		
174	99	77	ヘルスツーリズム	275	46	28	83.269	0.000
49.7	28.3	22.0		78.8	13.2	8.0		
124	149	77	地域振興プロジェクト	187	106	55	3.492	0.062
35.4	42.6	22.0		53.7	30.5	15.8		
241	68	41	民泊	300	32	18	82.621	0.000
68.9	19.4	11.7		85.7	9.1	5.1		
159	141	47	日本文化	256	64	29	17.164	0.000
45.8	40.6	13.5		73.4	18.3	8.3		
166	125	57	MICE	247	73	29	23.015	0.000
47.7	35.9	16.4		70.8	20.9	8.3		
133	145	72	キャッシュレス	216	86	45	0.019	0.889
38.0	41.4	20.6		62.2	24.8	13.0		
198	77	74	シームレストラベル・コンタクトレス・顔認証	256	49	44	30.433	0.000
56.7	22.1	21.2		73.4	14.0	12.6		
189	85	70	ワーケーション	241	61	48	13.729	0.000
54.9	24.7	20.3		68.9	17.4	13.7		

注：上段：件数，下段：比率（％）

図表6－9 ビジネスにとってチャンスと捉える項目（複数回答）

観光関連業種			項　　目	その他の業種			等分散検定	
関係なし	当面関係ある	将来関係ある		関係なし	当面関係ある	将来関係ある	F統計量	有意確率
172	89	88	インバウンド	221	76	57	8.646	0.003
49.3	25.5	25.2		62.4	21.5	16.1		
227	56	66	ハラル対応	288	34	29	82.603	0.000
65.0	16.0	18.9		82.1	9.7	8.3		
130	132	87	産業観光	235	67	49	0.631	0.427
37.2	37.8	24.9		67.0	19.1	14.0		
136	145	69	ホスピタリティ	240	76	35	4.540	0.033
38.9	41.4	19.7		68.4	21.7	10.0		
205	68	75	総合型リゾート	259	37	57	14.450	0.000
58.9	19.5	21.6		73.4	10.5	16.1		
136	120	96	環境ツーリズム	229	68	53	1.347	0.246
38.6	34.1	27.3		65.4	19.4	15.1		
145	110	96	ヘルスツーリズム	253	55	43	19.492	0.000
41.3	31.3	27.4		72.1	15.7	12.3		
104	149	99	地域振興プロジェクト	167	105	80	16.598	0.000
29.5	42.3	28.1		47.4	29.8	22.7		
241	61	45	民泊	289	34	26	43.432	0.000
69.5	17.6	13.0		82.8	9.7	7.4		
133	150	66	日本文化	250	59	41	1.906	0.168
38.1	43.0	18.9		71.4	16.9	11.7		
152	128	67	MICE	247	63	40	9.214	0.002
43.8	36.9	19.3		70.6	18.0	11.4		
131	130	87	キャッシュレス	224	81	46	0.970	0.325
37.6	37.4	25.0		63.8	23.1	13.1		
193	75	80	シームレストラベル・コンタクトレス・顔認証	255	54	42	40.830	0.000
55.5	21.6	23.0		72.6	15.4	12.0		
177	89	77	ワーケーション	245	61	46	21.017	0.000
51.6	25.9	22.4		69.6	17.3	13.1		

注：上段：件数，下段：比率（％）

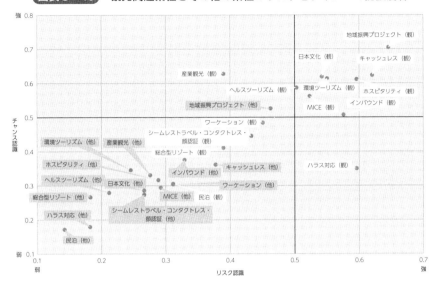

図表6－10　観光関連業種とその他の業種のリスクとチャンスの認識度合

ジェクト」（70.4％）で，次に「産業観光」（62.7％），「キャッシュレス」（62.4％），「環境ツーリズム」（61.4％）と続く。同様に，その他の業種では，「地域振興プロジェクト」（52.5％）が最も高く，「インバウンド」（37.6％）「キャッシュレス」（36.2％）が次に高い。「関係なし」と回答した項目では，各業種ともリスクの場合と同様「民泊」の回答が最も多い。図表6－8と同様，項目ごとの分散に傾向の違いがあるかを5％有意水準で等分散検定を行った。「産業観光」「環境ツーリズム」「日本文化」「キャッシュレス」の4項目では，観光関連業種とその他の業種の母集団の分散は等分散であり，それ以外の項目は分散に差があることが統計的に認められた。

観光関連業種とその他の業種のリスクとチャンスの認識度合の違い

　図表6－10では，観光に関する14項目に対して，観光関連業種とその他の業種とのリスクとチャンスに対する認識度合の差を視覚化した。リスクとチャンスについて，「当面関係ある」「将来関係ある」と回答したものを「1」とし，

「関係なし」と回答したものを「０」として，それぞれの回答率を加重平均して指標化した。これは０と１の範囲にあり，１に近づくほどリスクやチャンスに対する認識度合が強くなる。それぞれの軸の中間値（0.5）で区切り，0.5を上回る場合を「認識が強い」，下回る場合を「認識が弱い」と考える。横軸にリスクをとり，縦軸にチャンスをとって図示している。

　観光関連業種はラベルに（観）を，その他の業種は（他）を記している。リスクとチャンスとも0.5を上回る項目では，観光関連業種は８項目を占めるが，その他の業種は皆無である。リスクとチャンスとも0.5を下回る項目は，観光関連業種は３項目，その他の業種は「地域振興プロジェクト」を除く13項目を占める。図示からも明らかなように，観光関連業種は，その他の業種に比べてリスクとチャンスに対する認識は強く，その差は明確である。

（４）業種別BCP策定状況

　本調査では，事業継続計画（BCP）に関して，各企業の策定状況を把握するため，「BCPについて知らない」「策定の予定はない」「策定を予定している」「策定中」「策定済み」の５つの選択肢を設けて回答を求めた。

観光関連業種とその他の業種のBCP策定状況

　図表６−11は，観光関連業種とその他の業種に分けて，BCPの策定状況を図示している。観光関連業種では，「BCPについて知らない」が38.3％で最も高く，「策定の予定がない」が24.5％で続く。その他の業種では，「策定済み」が29.5％で最も高く，「策定を予定している」が27.0％で続く。観光関連業種とその他の業種では，BCP策定に対する認識に大きな差がみられる。

各業種別のBCP策定状況

　図表６−12は，観光関連業種の５つの業種について，BCPの策定状況の回答結果である。業種別でみると，「策定済み」の回答が最も高いのは「サービス業」で18.7％を占め，次に「運輸業」が18.2％で続いている。他方，「BCPについて知らない」と回答した業種では，「旅行業（旅行代理店など）」が54.3％

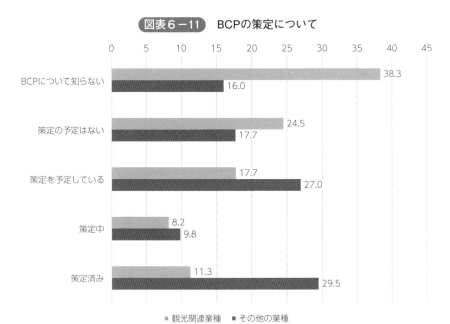

図表6－11　BCPの策定について

■ 観光関連業種　■ その他の業種

図表6－12　観光関連業種別BCPの策定状況

業　種	BCPについて知らない	策定の予定はない	策定を予定している	策定中	策定済み	合計
飲食店	1	2	2	1	1	7
	14.3%	28.6%	28.6%	14.3%	14.3%	100.0%
運輸業	9	9	7	2	6	33
	27.3%	27.3%	21.2%	6.1%	18.2%	100.0%
サービス業	28	29	21	22	23	123
	22.8%	23.6%	17.1%	17.9%	18.7%	100.0%
旅行業（旅行代理店など）	88	38	28	3	5	162
	54.3%	23.5%	17.3%	1.9%	3.1%	100.0%
宿泊業	10	9	5	1	5	30
	33.3%	30.0%	16.7%	3.3%	16.7%	100.0%
合計	136	87	63	29	40	355
	38.3%	24.5%	17.7%	8.2%	11.3%	100.0%

注：上段：件数，下段：比率（％）

で最も高く，「宿泊業」が33.3％で続いている。特に，「旅行業（旅行代理店など）」は，「策定済み」と回答した比率が3.1％で，５業種中最も低くなっている。

　図表６−13は，その他の業種の８業種について，BCPの策定状況の回答結果である。業種別でみると「策定済み」の回答数は，金融業・保険業が78.6％で最も高く，次に「電気・ガス・水道・熱供給業」が50.0％で続く。「BCPについて知らない」と回答した業種では，「農業・林業・漁業」が38.9％で最も高く，「電気・ガス・水道・熱供給業」が25.0％で続く。なお，「電気・ガス・水道・熱供給業」の回答数は８件で，回答に偏りが考えられる。「金融業・保険業」の14件の回答数において，「BCPについて知らない」「策定の予定はない」は０件でBCP策定に対する認識の高さを窺わせる。

図表６−13　その他の業種別BCPの策定状況

業　種	BCPについて知らない	策定の予定はない	策定を予定している	策定中	策定済み	合計
農業・林業・漁業	7	4	4	0	3	18
	38.9%	22.2%	22.2%	0.0%	16.7%	100.0%
建設業	12	18	18	6	24	78
	15.4%	23.1%	23.1%	7.7%	30.8%	100.0%
製造業	17	19	42	15	26	119
	14.3%	16.0%	35.3%	12.6%	21.8%	100.0%
卸売業・小売業	15	11	22	7	19	74
	20.3%	14.9%	29.7%	9.5%	25.7%	100.0%
金融業・保険業	0	0	2	1	11	14
	0.0%	0.0%	14.3%	7.1%	78.6%	100.0%
不動産業	2	3	2	1	4	12
	16.7%	25.0%	16.7%	8.3%	33.3%	100.0%
情報通信業	2	7	5	5	14	33
	6.1%	21.2%	15.2%	15.2%	42.4%	100.0%
電気・ガス・水道・熱供給業	2	1	1	0	4	8
	25.0%	12.5%	12.5%	0.0%	50.0%	100.0%
合計	57	63	96	35	105	356
	16.0%	17.7%	27.0%	9.8%	29.5%	100.0%

注：上段：件数，下段：比率（％）

（5）新型コロナウイルス感染症拡大の影響と対策

　本調査では，新型コロナウイルス（COVID-19）の感染拡大が進む中で，各企業の業績への影響や今後の対策について質問項目を設定した。

新型コロナウイルス感染症拡大の下での企業業績回復見込み状況

図表6－14　業種別新型コロナウイルス感染症拡大による業績回復見込み状況

		既に回復	ほぼ回復	数カ月先	半年先	1年以上先	廃業・事業撤退	未定	合計
観光関連業種	飲食店	0	0	0	0	4	0	1	5
		0.0%	0.0%	0.0%	0.0%	80.0%	0.0%	20.0%	100.0%
	運輸業	2	3	4	3	10	0	9	31
		6.5%	9.7%	12.9%	9.7%	32.3%	0.0%	29.0%	100.0%
	サービス業	10	21	10	10	32	0	32	115
		8.7%	18.3%	8.7%	8.7%	27.8%	0.0%	27.8%	100.0%
	旅行業	1	5	2	12	106	2	31	159
		0.6%	3.1%	1.3%	7.5%	66.7%	1.3%	19.5%	100.0%
	宿泊業	0	2	2	3	17	0	6	30
		0.0%	6.7%	6.7%	10.0%	56.7%	0.0%	20.0%	100.0%
その他の業種	農業・林業・漁業	1	5	0	4	2	0	5	17
		5.9%	29.4%	0.0%	23.5%	11.8%	0.0%	29.4%	100.0%
	建設業	12	19	1	6	19	0	10	67
		17.9%	28.4%	1.5%	9.0%	28.4%	0.0%	14.9%	100.0%
	製造業	11	20	10	12	24	0	37	114
		9.6%	17.5%	8.8%	10.5%	21.1%	0.0%	32.5%	100.0%
	卸売業・小売業	12	18	6	4	14	0	18	72
		16.7%	25.0%	8.3%	5.6%	19.4%	0.0%	25.0%	100.0%
	金融業・保険業	3	3	0	0	4	0	4	14
		21.4%	21.4%	0.0%	0.0%	28.6%	0.0%	28.6%	100.0%
	不動産業	1	1	1	2	6	0	1	12
		8.3%	8.3%	8.3%	16.7%	50.0%	0.0%	8.3%	100.0%
	情報通信業	5	3	7	4	7	0	5	31
		16.1%	9.7%	22.6%	12.9%	22.6%	0.0%	16.1%	100.0%
	電気・ガス・水道・熱供給業	2	1	0	0	1	0	3	7
		28.6%	14.3%	0.0%	0.0%	14.3%	0.0%	42.9%	100.0%

　図表６−14は，新型コロナウイルス感染症拡大の下で，2019年度において各業種の業績回復の見込み状況を，各業種別に図示している。観光関連業種において，「既に回復」「ほぼ回復」と回答した業種では，「サービス業」が最も高く27.0%を占めている。他方，「飲食店」「旅行業」「宿泊業」では，大半の企業が「１年以上先」と回答しており，業績回復の遅れが目立つ。その他の業種では，「建設業」「卸売業・小売業」「金融業・保険業」の４割以上が，「既に回復」「ほぼ回復」と回答しており，これらの業種では業績回復が早い。「不動産業」では半数が「１年以上先」との回答結果であった。

新型コロナウイルス感染症によって，今後必要とされる対策

　図表６−15は，新型コロナウイルス感染症によって今後改善が必要と思われる項目を業種別に示している。回答率の最も高い項目は，観光関連業種とその他の業種とも「従業員の危機意識」で，52.1%，57.6%で過半数を上回って

図表６−15　新型コロナウイルス感染症によって今後改善したい項目（複数回答）

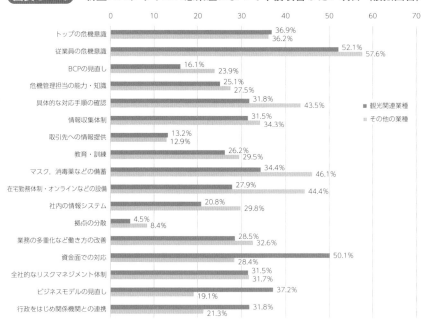

いる。観光関連業種では,「資金面での対応」が50.1％で次に高い比率を示した。その他の業種では,「マスク・消毒液などの備蓄」(46.1％),「在宅勤務体制・オンラインなどの設備」(44.4％),「具体的な対応手順の確認」(43.5％) でそれぞれ4割を上回る水準となっている。観光関連業種では,「ビジネスモデルの見直し」が37.2％を占めたが, その他の業種では19.1％で低位にある。また,「行政をはじめ関係機関との連携」を観光関連業種の31.8％が挙げたのに対して, その他の業種では, 21.3％にとどまっている。なお,「拠点の分散」の回答は, 観光関連業種 (4.5％), その他の業種 (8.4％) とも最も低い回答率となった。

(6) 各企業の貢献できる分野

　本調査では, 各事業者が今後社会において貢献できそうな活動分野を11項目取り上げて, 各企業はそれぞれ該当するものをすべて答える複数回答形式の質問項目を設定した。

> 各事業者が企業活動で貢献できると考えている分野

　図表6－16は, 観光関連業種とその他の業種別に, 各企業が貢献できると回答した分野を回答率で図示している。回答率が最も高い項目は, 観光関連業種とその他の業種とも「地域経済への貢献」で, それぞれ80.0％, 81.7％で高い回答率となった。観光関連業種では,「地産地消への取組み」(37.5％),「健康増進のための取組み」(36.9％) が次に続き, その他の業種では,「自然環境保全や配慮」(42.7％),「人材育成のための支援」(37.9％) が続いている。観光関連業種では,「人流の創出・相互理解の促進」(22.0％) と「文化遺産の保全」(19.7％) が2割近くを占めているが, その他の業種では, 1割前後の回答率となった。「技術革新の拡大」の回答率は, その他の業種は24.2％であるのに対して, 観光関連業種は6.8％で最も低い回答率であった。

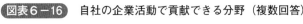

図表６−16　自社の企業活動で貢献できる分野（複数回答）

- 地域経済への貢献：80.0% / 81.7%
- 文化遺産の保全：19.7% / 7.3%
- 自然環境保全や配慮：34.4% / 42.7%
- 人流の創出・相互理解の促進：22.0% / 13.2%
- 人材の育成のための支援：33.8% / 37.9%
- 健康増進のための取組み：36.9% / 34.3%
- 災害を防ぐための取組み：19.7% / 32.9%
- ジェンダー平等：20.6% / 15.2%
- 気候変動への取組み：15.2% / 22.8%
- 地産地消への取組み：37.5% / 28.1%
- 技術革新の拡大：6.8% / 24.2%

（凡例）観光関連業種 / その他の業種

（7）調査結果の要約

①　リスクに対する認識

　ビジネス環境において，リスクとして捉えられる観光の14項目で，観光関連業種とその他の業種との間で回答の母集団の分散に大きな差があるものは，「総合型リゾート（カジノを含むIR施設）」，「ヘルスツーリズム」「民泊」「ハラル対応」の４項目であった。これらは観光関連業種にとって特有のリスクとみることができる。その他の業種では，これらの４項目については，「関係なし」との回答が８割前後であり，これらに対するリスク認識の差は明らかである。「地域振興プロジェクト」のリスクについては，業種を問わず「当面関係ある」「将来関係ある」との回答率が高く，どの企業においても地域振興に対するリスク認識の高さが窺われる。

②　チャンスに対する認識

　「地域振興プロジェクト」に対して，リスクと捉える企業が多かった反面，

7割近くがチャンスであるとも捉えている。観光関連業種で約7割，その他の業種では5割以上がチャンスと捉えている。しかし，リスク認識も強く，観光関連業種では6割以上がリスク認識をもっている。このように「リスク認識」と「チャンス認識」とは強い相関関係にあり，企業にとってはリスクにかけるか，チャンスにかけるか，ある意味で投機的リスクといえよう。

　観光関連業種では，「産業観光」「キャッシュレス」「日本文化」「環境ツーリズム」「ホスピタリティ」の回答の6割以上が，当面もしくは将来において関係があると回答しているが，その他の業種では，3割程度である。接客サービス的要素の強い観光関連業種では，「ホスピタリティ」をビジネスチャンスと捉えているが，その他の業種では，7割近くが「関係なし」と回答している。

　「リスク認識」と「チャンス認識」の度合について，観光関連業種とその他の業種別に比較すると，観光関連業種では「民泊」を除き，双方の認識の度合は強いが，その他の業種では，「地域振興プロジェクト」以外，各認識の度合は弱いことがわかる。これは観光に特化した項目のためであると考えられる。

③　BCPの策定状況

　BCPを「策定済み」もしくは「策定中」と回答した比率を業種別で比較すると，観光関連業種は19.5％，その他の業種は39.3％で，観光関連業種の策定の遅れが目立つ。特に，観光関連業種では，「旅行業（旅行代理店など）」のうち「策定済み」は3.1％しかなく，54.3％が「BCPについて知らない」と回答している。本調査で回答した「旅行業（旅行代理店など）」162件のうち，「1千万円未満」が55件，「1千万円〜5千万円未満」が96件に上り，9割以上の旅行業者は零細であり，BCP策定に対して人手も資金も回せない状況にあると考えられる。「サービス業」や「運輸業」では，「策定済み」の回答が比較的多いが，これは近年のリスク状況を考えると，対応せざるを得ない一面もある。その他の業種では，「金融業・保険業」「情報通信業」「製造業」において，BCPの策定がかなり進んでいるが，これはBCP策定を中長期的な経営戦略の1つと捉えているためであろう。

④　新型コロナウイルス感染症拡大の影響と対策

　新型コロナウイルス感染症拡大は，各業種の業績回復に多大なる影響を与え

ている。観光関連業種とその他の業種を比較すると，その他の業種では，「金融業・保険業」を中心に，「建設業」「卸売業・小売業」などの業績回復は早く進んでいる。しかし，観光関連業種の中心の業種である「飲食店」「旅行業」「宿泊業」では，業績回復を「１年以上先」と見込んでおり，遅れが目立っている。わが国では頻繁に緊急事態宣言が発出され，外出自粛や旅行規制などが叫ばれる状況では，なかなか先が見通せない。また，一部業種では，顧客需要の不足により休業や廃業などが余儀なくされている。

　このような状況下で，今後改善が必要だと思われる項目では，どの業種も「従業員の危機意識」を第一に挙げている。まずは職場内での意識改革が求められていると思われる。その意味では，BCP策定は危機意識の改善に貢献しそうである。観光関連業種では，次に「資金面での対応」，「ビジネスモデルの見直し」の回答率が高いが，観光客や消費者の需要激減に伴い，今後従来型の経営体制や管理システムの見直しが求められることになる。その他の業種では，「在宅勤務体制・オンラインなどの設備」が４割以上を占めており，勤務体制の見直しや設備の充実が必要とされる。また，「具体的な対応手順の確認」も上位にあり，危機管理体制に向けてのマニュアル化が必要である。

⑤　企業活動で貢献できる分野

　どの業種とも「地域経済への貢献」が８割以上で，他の項目に比べて圧倒的に高い。観光関連業種では，次に「地産地消への取組み」が続き，その他の業種では，「自然環境保全や配慮」が続いている。どちらの項目に関しても地域との関わりを無視することはできない。現在，過疎化が進む地域では，企業との連携や協働が模索されているが，それらを結びつけるしくみづくりができていない。この点は，今後の改善項目で挙げた「行政をはじめ関係機関との連携」が必要とされる。また，「人材の育成のための支援」「健康増進のための取組み」が各業種とも３割を上回っている。これらは若者や高齢者を対象ともしており，企業との人的交流のあり方が求められる。しかし，「人流の創出・相互理解の促進」の項目では，各業種とも回答率は２割前後で低く，理念と現実対応との難しさを示している。

8　不確実性下での企業戦略

　これまで述べてきたように，リスクには「純粋リスク」と「投機的リスク」が存在する。「純粋リスク」は否定的効果として，企業に損失や被害を及ぼすが，「投機的リスク」は損失だけでなく，企業に利益をもたらす可能性がある。企業は，これらの複合的リスクに対峙して成長戦略を進めていかなければならない。以下では，企業戦略に求められる3つの視点を挙げておきたい。

（1）不確実性と損失回避

　企業が成長戦略の一環として不確実性下で投資を行う場合，将来確実に収益が得られるかどうかはわからない。不確実的要素が強まれば，企業にとって投資から期待される収益は低下するであろう。行動経済学のプロスペクト理論では，このような不確実性下で意思決定を行う場合，期待される収益（利得）から得られる満足感よりも損失を回避したときに得られる満足感の方が大きいと想定されている（損失回避性）[15]。そのような社会では，チャンスよりもリスク回避が評価され，企業は危険回避的となり不確実なものには投資を行わない。つまり，企業は損失を回避できるが，業績を上げることもできず，そこには成長は見込めない。このような場合，プロスペクト理論では，その企業が置かれた現状（参照点）を明確にし，損失と利得に対する組織内での「価値の共有」が求められる。現状認識と「価値の共有」に対して企業内で一定のコンセンサスが確保されれば，新たな企業行動への動機づけを付加することができる。

（2）地域振興策と協働体制の構築

　本調査で示したように，過半数以上の企業は「地域振興プロジェクト」を現時点もしくは将来において，ビジネスチャンスと捉えている。また，今後の企業活動において貢献できる分野として，8割近くの企業が「地域経済への貢献」を挙げている。しかし，その一方で，「人流の創出・相互理解の促進」で貢献できると回答した企業は少ない。企業として地域振興策に対する活動意識は高いが，実際に地域に出向き，地域の人々との人的交流のしくみ（パイプ）が構築できていない。そのしくみづくりを行政や自治体との協働連携で進める

のか，地域のステークホルダーの立場から日本版DMO・DMCの一員として推
進するのか，または社会貢献（CSR）として独自に展開するのか，その手法は
種々あるが，そこには企業の特質や地域の現状に対する深い理解とPDCA型の
循環的対応が求められる。今後，地域の過疎化現象が企業にとっては１つの
チャンスと捉えられる時代が到来するかもしれない。

（3）分かち合いの経済

　経済が停滞し成長のない無秩序な社会では，自己の利益追求は，結果的に自
己の利益のみならず社会全体の利益を損なわせることになる。これは共有資源
における「コモンズの悲劇」であり，企業組織にとっての「部分最適化」の問
題である。神野（2010）は，この問題に対して「奪い合い」から「分かち合い」
への社会経済システムの転換を提唱する。あらゆるリスクが蔓延する時代にお
いてレジリエンスを強化し，復旧復興を果たすためには，「損失」や「利得」
を個々の企業や個人の問題だけで捉えるのではなく，それらを社会全体でいか
に分かち合うのか，この点に対する認識がいま問われている。これは，利得に
対する「喜びの分かち合い」だけではなく，損失に対する「悲しみの分かち合
い」をも共有することを認識しなければならない。
　長期的視点において，企業がリスクやチャンスに対応していくためには，組
織が連携し，経営者やリーダーが積極的に責任を果たし，そこで働く従業員と
コミュニケーションや協力関係を強化し，互いが現状を認識し，配慮しあえる
環境を整えることが必要である。

●注
⑴　「ISO31000：2018」の「リスクマネジメント指針」参照。
⑵　「ISO31000：2009」の「リスクマネジメント－原則及び指針」参照。
⑶　JTB総研ホームページより作成。https://www.tourism.jp/project/tcm/why/crisis/
⑷　中小企業庁『2016年版中小企業白書』参照。
⑸　経済産業省（2011）『リスクアセスメント・ハンドブック実務編』参照。
⑹　柳瀬典由・石坂元一・山﨑尚志（2018）『リスクマネジメント』参照。
⑺　中小企業庁ホームページより作成。
　　https://www.chusho.meti.go.jp/bcp/contents/level_c/bcpgl_01_1.html
⑻　中小企業庁（2011）『中小企業の事業継続計画（BCP）〈災害対応事例からみるポイン
　　ト〉』参照。
⑼　内閣府防災担当（2021）『事業継続ガイドライン－あらゆる危機的事象を乗り越えるた

めの戦略と対応』参照。
⑽　経済産業省（2005）『企業における情報セキュリティガバナンスのあり方に関する研究
　　会 報告書 資料』参照。
⑾　内閣府（2008）『企業の事業継続及び防災の取組に関する実態調査』参照。
⑿　観光庁（2021）『自治体・観光関連事業者等における観光危機管理推進のための手引書』
　　参照。
⒀　JTB総合研究所ホームページより作成。https://www.tourism.jp/project/tcm/
⒁　等分散検定にはLevene検定を用いた。有意水準が.05を下回る場合，5％有意水準で2つ
　　の母集団間の等分散は棄却される。
⒂　Kahneman, D. and A. Tversky（1979）参照。

（参考文献）

麻生憲一（2019）「3.12不確実性と観光者の分類」『観光の事典』朝倉書店。
石井至（2018）「観光リスクの俯瞰図－観光リスクマネジメント試論」『危機と管理』49：
　　159-178。
大垣昌夫・田中沙織（2014）『行動経済学－伝統的経済学との統合による新しい経済学を目
　　指して』有斐閣。
亀井克之（2014）『現代リスクマネジメントの基礎理論と事例』法律文化社。
亀井利明・亀井克之（2009）『リスクマネジメント総論』増補版，同文舘出版。
辛島恵美子（2000）「言葉「リスク」の歴史と今日的課題」『保健物理』（4）：473-481。
神野直彦（2010）『「分かち合い」の経済学』岩波新書。
柳瀬典由・石坂元一・山﨑尚志（2018）『リスクマネジメント』中央経済社。
李洪茂（2019）『リスク・マネジメント論』成文堂。
立教大学・JTB総合研究所（2021）「観光産業におけるSDGsの取り組み推進に向けた組織・
　　企業団体の状況調査」。
Kahneman, D. and A. Tversky（1979）Prospect Theory: An Analysis of Decision underRisk,
　　Econometrica 47（2）：263-292.

（資料）

内閣府防災担当「企業の事業継続及び防災の取組に関する実態調査の結果とりまとめについ
　　て」2008年6月。
　　https://www.bousai.go.jp/kyoiku/kigyou/kbn/pdf/080610chousa.pdf
内閣府防災担当「事業継続ガイドライン－あらゆる危機的事象を乗り越えるための戦略と対
　　応」2021年4月。
内閣府防災担当「令和3年度　企業の事業継続及び防災の取組に関する実態調査」2022年3
　　月。
沖縄県文化観光スポーツ部観光政策課「沖縄県観光危機管理基本計画」2014年度。
中小企業庁「第5節　中小企業・小規模事業者を取り巻くリスク」『小規模企業白書』2020
　　年版。

第7章　危機を乗り切るBCP

1　まずは危機管理の最低線を押さえよう

　近年，企業のリスクマネジメントにおいて重要な要素となっているのが事業継続計画（BCP）である（BCPの詳細は第6章の**5**参照）。BCPが日本で強く認識されるようになったのは，2001年9月の米国同時多発テロがきっかけであろう。その後，新潟県中越地震，東日本大震災，熊本地震などを経てBCPの普及が図られてきた。その過程でBCPの内容も次第に変化してきている。当初は日本において最も大きなリスクと考えられている地震を想定し，防災対策と同じような範疇で扱われていた。その後，防災対策の範疇だけでは重要な事業の継続を図ることが難しいため，経営判断の一環として位置づけられるようになった。近時の風水害などのリスクも踏まえ，地震リスクだけでなく，幅広いリスクを対象として設計するような方向に近づいている。実際には各社のBCPは今までのところ，地震，風水害など限定したリスクを対象に構成されていることが多いが，幅広いリスクを考慮するという視点が加わった点は大きな前進である。

　BCPは新型コロナウイルス感染症の影響を受け，自然災害だけでなく，より幅広い分野への対応が求められることとなった。新型コロナウイルス感染症においては従来のような事業中断だけでなく，長期間にわたる需要の喪失という新たなリスク要因も注目されている。従来は事業を「どのように継続させるか」ということに焦点が置かれていたが，現在は事業を継続させるということに加えて，大きな危機が起こった際に従来の事業の形に囚われることなく，「事業の形を変化させていくこと」も重要な要素となり，経営の柔軟性が取り

入れられることとなった。

　その中でまずは事業の復旧・復興に対する戦略であるBCPを持つことが最低限必要である。こうしたプランがない場合は，自然災害や感染症といった大きなイベントが発生した場合に事業の継続がいっそう困難となる。BCPにおいては想定されるリスクだけでなく，その企業が持っているヒト，モノ，カネといったさまざまなリソースを把握し，災害などが起こった際に，そのリソースがどのくらい毀損するのかを測定することで，事業を再開するまでの時間を想定し，その時間までに復旧を目指す戦略となる。そうした戦略には詳細なリソースの分析やそれに基づく目標復旧時間の設定が必要となるが，中堅・中小企業の場合は詳細な検討をする余裕がない場合もある。その場合であっても自社にとって重要な事業を特定し，どの程度まで耐えられるのかということを事前に検討していくことは重要なことである。最低限そうしたリソースと復旧までの時間や，最も重要な事業を特定し検討しておくことは，復旧への可能性を上げる重要な一歩となる。逆に中堅・中小企業の場合は，事業内容が大企業ほど多岐にわたらないことから分析がシンプルである可能性もある。従来は事業継続の内容を検討し，文章を丁寧に作ることが推奨されたが，現在は文章よりもむしろ，検討して対応がとれるような体制を作り上げることが重要である，という考え方に変化している。

　立教大学・JTB総合研究所（2021）によれば，BCPを策定している企業の割合をみると，旅行業は全産業の平均を大きく下回っており，業界を通じて啓蒙活動などが求められる（詳細は第6章図表6－11，図表6－12参照）。

　BCPが新型コロナウイルス感染症に対して効果を発揮したか否かについては（**図表7－1**），立教大学・JTB総合研究所（2021）では6割以上の企業が役に立ったと回答しており，相応の効果はあったことが推測できる。

　一方で，新型コロナウイルス感染症を受けてBCPを見直すかどうかについては，「抜本的に見直す」と回答した企業は5.2％にとどまるものの，「一部見直す」43.6％，「若干見直す」31.4％を加えると，約8割の企業で新型コロナウイルス感染症の影響を受けてBCPを見直す意向があると回答している（**図表7－2**）。新型コロナウイルス感染症においては今までのようなリスクと異なり，長期間にわたる事業の中断，大幅な需要の喪失，国や自治体からの移動制限といった制約が加わっている。地震のような災害では最初の段階で大きな被害が

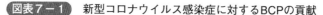

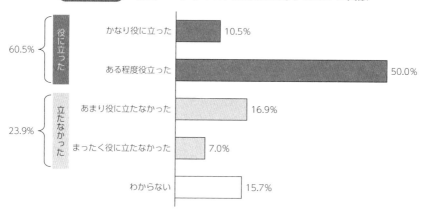

図表７－１　新型コロナウイルス感染症に対するBCPの貢献

（出所）立教大学・JTB総合研究所（2021）より作成（以下，図表７－２〜図表７－８に同じ）

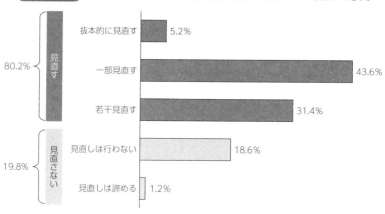

図表７－２　新型コロナウイルス感染症を踏まえたBCPの見直し意向

　出るため，存続するか，撤退するかなどの経営判断がその段階で可能になるが，新型コロナウイルス感染症のような長期にわたり見通しがつかない事象では，決断がつかないまま徐々に体力を奪われ，回復だけでなく，撤退も不可能になるケースが出てしまう。こうした部分の制約については，今までのBCPの中では十分に捕捉されていなかった。今回の新型コロナウイルス感染症の影響を受

け，特にこれらの部分についての検討を加えることで，従来のBGPの精度を高めていくことが必要になる。

2　BCPの効果について

今回の新型コロナウイルス感染症の影響に対するBCPの効果については，BCP策定企業の方がすでに回復とほぼ回復の合計は高い。一方で，未策定の企業の方が，回復が1年以上先になるケースや，廃業・事業撤退の割合が多い（**図表7−3**）。BCPの効果を正確に測定することは容易ではないが，今回の結果からはBCPの効果は現れていると考えられる。

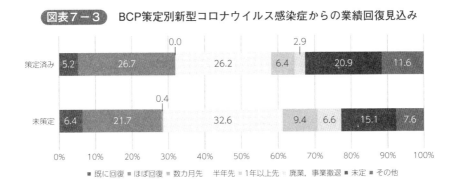

図表7−3　BCP策定別新型コロナウイルス感染症からの業績回復見込み

次に，新型コロナウイルス感染症からの業績回復見込みについて，企業の特性を考慮した上で見ることにする。**図表7−4**は新型コロナウイルス感染症からの業績回復見込み（Recover）に影響を与える要因を見たものである。各変数の定義は**図表7−5**に記載している。BCP（BCP策定状況），ITC（IT投資の3期前との比較），Humanresource（優秀な人材の確保）がRecover（業績回復見込み）に対してマイナスで有意となっている。従業員数，海外売上高，上場の状況などをコントロールした場合，SDGsへの取組み（Response）は明確な影響は出ていないが，BCPへの取組みが進んでいる企業は回復のスピードが速い。感染症や自然災害などの大きなイベントへの対応としてはBCPが有効であることが考えられる。ITCも有意となり，IT・デジタルの投資を進めていた企業は，

図表7－4　新型コロナウイルス感染症からの業績回復見込みに影響を与える要因

	全産業		観光産業	
	係数	t 値	係数	t 値
Employee	0.108	1.500	−0.038	−0.410
Market	0.181	1.010	−0.515	−0.860
Abroad	0.024	0.230	0.007	0.070
ProfitC	−0.317	−3.360 ***	−0.208	−1.880 *
Women	−0.010	−0.190	−0.024	−0.390
BCP	−0.204	−2.490 **	−0.070	−0.630
Response	0.025	0.380	−0.093	−1.200
ITC	−0.307	−2.160 **	0.097	0.570
Brand	0.096	0.480	−0.495	−2.220 **
Technology	0.023	0.110	0.010	0.030
Feature	−0.025	−0.150	−0.131	−0.660
Price	−0.345	−1.320	0.329	0.990
Cope	−0.138	−0.860	0.337	1.800 *
Stable	0.033	0.200	−0.198	−1.080
Long	−0.100	−0.620	−0.186	−1.010
Area	−0.099	−0.630	0.011	0.060
Supplychain	−0.223	−0.600	−0.617	−1.140
Growth	0.205	0.420	0.107	0.080
Humanresource	−0.599	−3.050 ***	−0.829	−3.130 ***
Change	−0.009	−0.040	0.146	0.520
_cons	5.366	6.050 ***	8.020	3.280 ***
R^2	0.073		0.085	
N	625		179	

注：全産業は産業要因を考慮
*** 1 %，** 5 %，* 10％水準で有意な差があった項目

リモート，在宅勤務などの活用が柔軟に図れたため，回復がスムーズになった可能性がある。さらにHumanresource（優秀な人材の確保）も有意となっている。人的資産が自社の強みと認識している企業は，大きなイベントが発生した際にも柔軟な対応を図ることで危機を乗り越える可能性が高いことが示唆される。

　次に観光産業に絞ってみると，Humanresource（優秀な人材の確保）は全産業と同様の結果であるが，BCP（BCP策定状況），ITC（IT投資の3期前との比較）は明確な結果は出ていない。一方で，Brand（オンリーワンのブランド力）は5％水準で有意となっており，回復に寄与している可能性がある。逆にCope（顧客対応力）は10％水準であるが，回復にはマイナスの結果となった。過度な顧客対応力は逆に回復の足かせになってしまう可能性が考えられる。

図表7－5　各変数の定義

変数名	定　　義
Recover	回復のレベル 1：既に回復，2：ほぼ回復，3：数カ月先，4：半年先，5：1年以上先，6：廃業，事業撤退，7：未定
Employee	従業員数 1：10人以下，2：11人～20人，3：21人～50人，4：51人～100人，5：101人～300人，6：301人～1,000人，7：1,001人以上
Market	上場の状況 1：上場 2：非上場だが，上場の具体的な計画がある 3：非上場だが，上場を目指している（具体的な計画はまだない） 4：非上場で，上場は目指していない（上場については考えたことがない）
Abroad	海外売上高 1：全くない，2：10％未満，3：10％以上～50％未満，4：50％以上
ProfitC	最終利益の金額　3期前との比較 1：3期前と比較して，最終利益は増加した 2：3期前と比較して，最終利益はほぼ横ばい 3：3期前と比較して，最終利益は減少した
Women	女性役員人数 1：いない，2：10％未満，3：10％～30％未満，4：30％～50％未満，5：50％以上
BCP	BCP策定状況 1：BCPについて知らない 2：策定の予定はない 3：策定を予定している 4：策定中 5：策定済み
Response	SDGの取組み度合い 1：SDGｓについてはわからない 2：SDGｓという言葉は聞いたことはあるが，内容は認知されていない 3：SDGｓについて内容は知っているが，特に対応はしていない 4：SDGｓについて，対応を検討している 5：SDGｓについて，対応を既に行っている

ITC	IT投資の金額　３期前との比較 1：減少した，2：増減なし，3：増加した
Brand	オンリーワンのブランド力 競争力の源泉と回答した企業：1，それ以外：0
Technology	オンリーワンの技術力 競争力の源泉と回答した企業：1，それ以外：0
Feature	特徴のある製品・サービス内容 競争力の源泉と回答した企業：1，それ以外：0
Price	価格優位性 競争力の源泉と回答した企業：1，それ以外：0
Cope	顧客対応力 競争力の源泉と回答した企業：1，それ以外：0
Stable	安定顧客の存在 競争力の源泉と回答した企業：1，それ以外：0
Long	長期的な取引関係 競争力の源泉と回答した企業：1，それ以外：0
Area	地域に根差した／地域密着のサービス 競争力の源泉と回答した企業：1，それ以外：0
Supplychain	大手サプライチェーンに属する 競争力の源泉と回答した企業：1，それ以外：0
Growth	成長性が高い（海外進出，拠点の拡大など） 競争力の源泉と回答した企業：1，それ以外：0
Human resource	優秀な人材の確保 競争力の源泉と回答した企業：1，それ以外：0
Change	環境の変化に対する対応力・変化の速さ 競争力の源泉と回答した企業：1，それ以外：0
HumanC	人材育成投資の金額　３期前との比較 1：減少した，2：増減なし，3：増加した
WomenC	女性役員の人数　３期前との比較 1：減少した，2：増減なし，3：増加した

　さらに新型コロナウイルスの感染拡大によって今後，改善したい項目について，観光産業（宿泊業，旅行業）とそれ以外の産業を比較してみよう（**図表７−6**）。差が大きかった項目の中で，「BCPの見直し」，「具体的な対応手順の確認」，「教育・訓練」については観光産業以外の産業の方が高い数値となっている（１％，５％水準で有意差がある項目）。BCPなど具体的な対策を見直す点では，観光産業以外の産業の方が意識が高いものと思われる。一方で，「資金面での対応」，「ビジネスモデルの見直し」，「行政をはじめ関係機関との連携」については観光産業の方が高い（１％水準で有意差がある項目）。新型コロナウイルス

感染症の影響によって，資金面で厳しい状況があること，そのため大幅なビジネスモデルの見直しを迫られていること，さらには行政をはじめ関係機関との連携・支援によって困難な状況を乗り越えようとしていることが考えられる。こうした結果からは，観光産業は，当面は資金繰りなどの改善に手一杯な状況となっているが，次の段階として大幅なビジネスの見直しを迫られており，BCPの策定・改善という具体的な検討の段階には達していない状況にあると見られる。ビジネスモデルの見直しを含んだBCP全体の構築を進めていくことが，やはり必要であると思われる。

図表7－6　今後改善したい項目

新型コロナウイルスの感染によって，今後，改善が必要な項目	業　種	度数	平均値	標準偏差	
トップの危機意識	観光産業	192	0.30	0.46	
	観光以外の業種	648	0.31	0.46	
従業員の危機意識	観光産業	192	0.40	0.49	
	観光以外の業種	648	0.46	0.50	
BCPの見直し	観光産業	192	0.09	0.28	**
	観光以外の業種	648	0.16	0.37	
危機管理担当の能力・知識	観光産業	192	0.17	0.37	*
	観光以外の業種	648	0.23	0.42	
具体的な対応手順の確認	観光産業	192	0.23	0.42	***
	観光以外の業種	648	0.34	0.47	
情報収集体制	観光産業	192	0.17	0.38	
	観光以外の業種	648	0.20	0.40	
取引先への情報提供	観光産業	192	0.14	0.35	*
	観光以外の業種	648	0.10	0.29	
教育・訓練	観光産業	192	0.15	0.36	***
	観光以外の業種	648	0.24	0.43	
マスク，消毒液などの備蓄	観光産業	192	0.28	0.45	*
	観光以外の業種	648	0.34	0.48	
在宅勤務体制，オンラインなどの設備	観光産業	192	0.24	0.43	
	観光以外の業種	648	0.26	0.44	
社内の情報システム	観光産業	192	0.17	0.38	
	観光以外の業種	648	0.20	0.40	

拠点の分散	観光産業	192	0.02	0.14	
	観光以外の業種	648	0.04	0.20	
業務の多重化など働き方の改善	観光産業	192	0.26	0.44	
	観光以外の業種	648	0.24	0.43	
資金面での対応	観光産業	192	0.58	0.49	***
	観光以外の業種	648	0.24	0.43	
全社的なリスクマネジメント体制	観光産業	192	0.25	0.43	
	観光以外の業種	648	0.24	0.43	
ビジネスモデルの見直し	観光産業	192	0.47	0.50	***
	観光以外の業種	648	0.14	0.35	
行政をはじめ関係機関との連携	観光産業	192	0.30	0.46	***
	観光以外の業種	648	0.21	0.41	

注：*** 1 ％，** 5 ％，*10％水準で有意な差があった項目
　　必要と思うと回答した企業を 1 ，必要と思うと回答しなかった企業を 0 とした平均値で計算

　さらにBCPの策定とSDGsの認識にも相関性がある。**図表 7 - 7** はBCPの策定状況とSDGsの認識の関係を見たものである。SDGsについて対応をすでに行っている企業の42.5％がBCPを策定済みである。一方で，SDGsについて認知はされていない企業では52.9％がBCPについて知らないと回答している。企業の取組みとしてBCPとSDGsの 2 つを別々に考えるのではなく，一体として運用していくことが重要であることが示唆される。

　最後に新型コロナウイルス感染症によって，SDGsの取組みについて変化があった項目（ 1 ％， 5 ％水準で有意差があった項目）について，観光産業（旅行業，宿泊業）とそれ以外の産業で比較してみよう（**図表 7 - 8**）。「長期的なビジョンの再構築」で観光産業の方が取組みに変化があったと回答した企業が多い。新型コロナウイルス感染症の影響が大きかった観光産業において，長期的な観点で取組みを行う必要性を認識した企業が多かったものと思われる。「大規模で長期間にわたるイベントリスクについて再構築」についても同様に観光産業の方が取組みに変化があったと回答した企業が多い。企業の存続に大きな影響を与えるイベントリスクについても，検討を開始するきっかけになったものと思われる。「感染症対策につながる製品やサービスの開発などを検討」についても，新型コロナウイルス感染症の影響を強く受けた結果，新しい製品・サービスへの展開を強く意識したものと思われる。

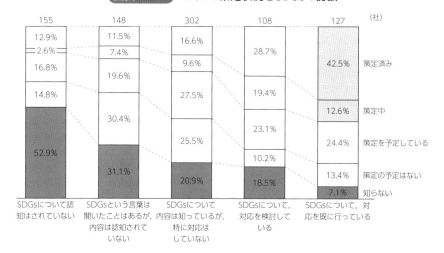

図表7−7　BCPの策定状況とSDGsの認識

図表7−8　新型コロナウイルス感染症の影響によって，SDGsに関する取組みに変化があった項目

SDGsに関する取組みに変化があった項目	業　種	度数	平均値	標準偏差	
長期的なビジョンの再構築	観光産業	192	0.18	0.39	***
	観光以外の業種	648	0.05	0.23	
大規模で長期間にわたるイベントリスクについて再構築	観光産業	192	0.07	0.25	***
	観光以外の業種	648	0.02	0.16	
感染症対策につながる製品やサービスの開発などを検討	観光産業	192	0.07	0.25	***
	観光以外の業種	648	0.02	0.15	
環境対策について抜本的な対策を検討	観光産業	192	0.02	0.12	
	観光以外の業種	648	0.02	0.15	
取引先の選定方法を安定性，長期性などを重視するなど選定方法を再検討	観光産業	192	0.14	0.35	*
	観光以外の業種	648	0.10	0.29	
従業員などの働き方の柔軟性を高めて，従業員への満足度を高める工夫を行う	観光産業	192	0.11	0.31	**
	観光以外の業種	648	0.06	0.24	
世の中にインパクトのある社会的活動（社会貢献など）の実施	観光産業	192	0.05	0.21	**
	観光以外の業種	648	0.02	0.13	

注：***1％，**5％，*10％水準で有意な差があった項目
　　変化があったと思うと回答した企業を1，回答しなかった企業を0とした平均値で計算

　これ以外に「従業員などの働き方の柔軟性を高めて，従業員への満足度を高める工夫を行う」，「世の中にインパクトのある社会的活動（社会貢献など）の実施」も観光産業の方に変化があったとする企業が多い結果となったが，これは新型コロナウイルス感染症の影響を強く受けた結果，具体的な対応策として出てきたものと考えられる。

3　次の段階としてビルド・バック・ベター

　BCPに関する関心が高まった大きな事象として東日本大震災があげられるが，同震災から10年以上が経過し，被災地の復興は数字の面で見れば進んでいる。復興道路などのインフラ整備は計画の570キロに対して，2021年３月時点で92％まで整備が進んでいる（復興庁 2021）。インフラ部分の復興は進み，地元の関連産業も震災前のレベルを超えているものの，この間の長期的な成長率を考えた場合，十分とはいえない状況にある。イベントが起こった後，元に戻るだけでは十分ではなく，そのイベントを契機に元のレベルを超えていかなければならない。

　復旧するだけであれば，従来のBCPで対応することになるが，元のレベルを超えるためには，新しいタイプのBCPも考える必要がある。BCP自体も進化を続けており，従来の事業を守るという内容から，急激な環境変化に対して，どのように対応できるのか，どのように変化していけるのかという視点が大きくなっている。さらに，社内での位置づけも防災の延長ではなく，重要な経営判断としての位置づけが必要であり，ガバナンスとの関係が明確になっている。加えて，社内外のステークホルダーからの要請にも十分に応える内容であることも求められる。幅広いステークホルダーの要請に応える際には，さまざまな場面で利害対立を生む可能性が高くなり，自分たちの提供する価値，自分たちの本質的な価値は何かを十分に吟味しておかないと，それをベースにどのように変わっていくのか，という問いに対して回答することができない。特に今回の新型コロナウイルス感染症の影響を受けて，需要の喪失，長期間の中断という事象に見舞われたことで，BCPの内容を進化させる必要が出ている。危機に見舞われた際に，従来のレベルに回復するだけでなく，従来のレベルを超えた進化（ビルド・バック・ベター）を目指すBCPが今後求められる（図表７−９）。

　そのためには，企業は自社の強みをSDGsの観点から捉え直すこと，そして平時から既存事業に加えて新たな展開を検討しておくことが必要であり，具体的な方策としては第8章で触れるデジタル・トランスフォーメーション（DX）の活用などが大きな柱となる。

図表7-9　BCPの概念図

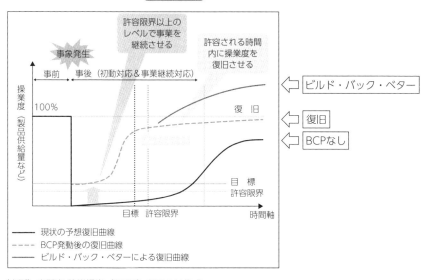

（出所）内閣府　防災担当（2021）3頁より作成

（参考文献）

内閣府　防災担当（2021）「事業継続ガイドライン－あらゆる危機的事象を乗り越えるための戦略と対応」（令和3年4月）。

復興庁（2021）「復興の現状と今後の取組」令和3年4月。

立教大学・JTB総合研究所（2021）「観光産業におけるSDGsの取り組み推進に向けた組織・企業団体の状況調査」。

第 8 章　イベントリスクの認識と
ビジネスデザイン

1　新型コロナウイルス感染症，自然災害など
イベントリスクへの認識を

　図表８－１は国際観光客数と世界の実質GDPの推移を比較したものである。
国際観光客数と世界の実質GDPは強い相関が見られるが，近年では国際観光
客数の伸びが上回っている。観光業界は長期的に見れば，国際交流の進展，イ
ンバウンドなどの要因で成長性が高い業界といえる。

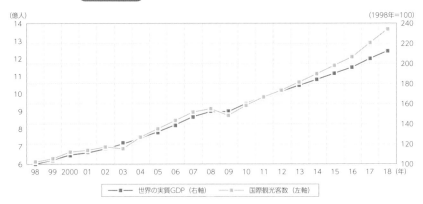

図表８－１　国際観光客数と世界の実質GDPの推移

注：世界の実質GDPは，1998年（平成10年）を100として指数化。
資料：UNWTO（国連世界観光機関），IMF（国際通貨基金）資料に基づき観光庁作成
（出所）観光庁（2018）4頁

　一方でさまざまなイベントが発生した際に，最初に大きな打撃を受ける可能性が高い。今回の新型コロナウイルス感染症の影響に際しても，財務省（2020）によれば，平常時と比較した業績は2020年4月～5月頃の感染症の影響が最も大きい時期で，74％の企業が「減少」（「増加」は14％）したとしている。業種別では，外出自粛により，自動車製造業やサービス業（宿泊・飲食・運輸等），百貨店・コンビニ・自動車販売等で大幅な「減少」となる一方で，巣ごもり需要等により，スーパーやドラッグストア等で「増加」となるなど，業種間で大きな差が見られた。

　図表8-2はイベントが発生した際の国内旅客数の回復までの経過を示したものである。地震，風水害は発生後回復基調に入るが，新型コロナウイルスのような感染症は回復の方向性が一定ではなく，行きつ戻りつになる。そのため，従来の地震，風水害を対象にしたリスクシナリオに加えて，感染症タイプのシナリオを追加する必要があろう。こうしたBCPの準備を進めることの効果としては，Sheffi（2016）を参考に整理すると，1つ目にはリスクを回避することができる。2つ目にはBCPを作成する過程で自社のリソースを把握することができるため，不測の事態を発見する能力が高まる。3つ目にはBCPに伴う訓練を実施することで，危機への対応能力を備えることができる。4つ目には，こうした取組みや結果が企業の競争力としてステークホルダーから評価される好循環を作り出す，ことをあげることができる。

図表8-2　国内旅客数の推移の分析

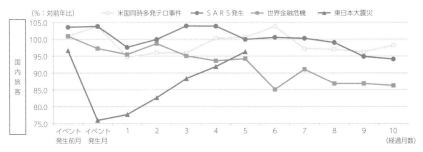

（出所）国土交通省航空局（2012）21頁

2　感覚ではなく，もっと数字で事業を把握しよう

　観光産業の状況を「観光白書」をベースに整理してみよう。まず収益性については，本業の利益に財務活動の損益を加えた経常利益の売上高に対する割合である売上高経常利益率をみると，宿泊業は他の産業に比べて大きく見劣りしている（**図表８－３**）。

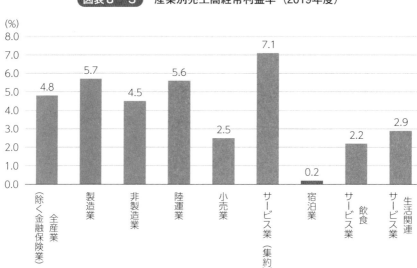

図表８－３　産業別売上高経常利益率（2019年度）

資料：財務省「法人企業統計調査」より観光庁作成
（出所）観光庁（2021a）92頁

　収益が出るかどうかの目安である各産業の損益分岐点比率を比較すると，従前から他産業よりも高い水準にあった宿泊業の損益分岐点比率は，2019年度には100％近くにまで上昇している（**図表８－４**）。足元，売上の低迷が続いている宿泊業は非常に厳しい状況に置かれていると，白書では分析している。

　白書ではこうした状況の要因として，宿泊業は建物，客室，浴場，食堂，調理場等のリニューアルや維持管理に多額の投資が必要であり，労働装備率は他のサービス産業に比べ高い水準にある一方で，設備投資効率が低く，生産設備

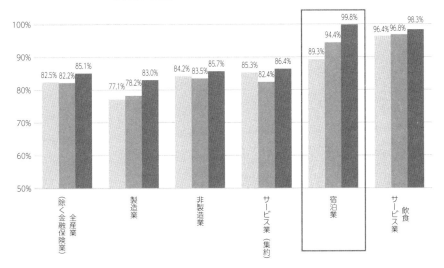

図表8−4　産業別 損益分岐点比率の推移

資料：財務省「法人企業統計調査」より観光庁作成
（出所）観光庁（2021a）93頁

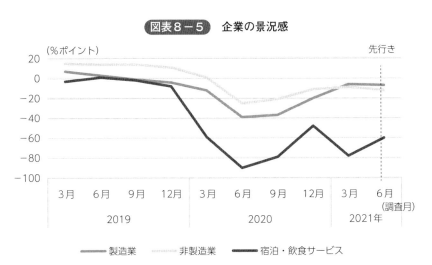

図表8−5　企業の景況感

資料：日本銀行「全国企業短期経済観測調査（短観）」業況判断DI（「良い」−「悪い」）。全規模ベース。2021年（令和3年）6月の先行きは，2021年（令和3年）3月時点の回答。
（出所）観光庁（2021a）39頁

が効率的に活用されず付加価値の向上につながっていないと指摘している。こうした状況を把握しつつ，観光産業の体質を改善していく必要がある。

　足元の状況としては，日本銀行「全国企業短期経済観測調査（短観）」業況判断DIによると（**図表８−５**），宿泊・飲食サービスの景況感は2020年６月まで大きく落ち込んだのち，12月にかけて持ち直しを見せたが，2021年に入り，再び悪化している（観光庁 2021a）。

　今後のトレンドを見る材料として，IATA（国際航空運送協会）は世界の航空旅客輸送が2021年および2022年には，2019年比でそれぞれ52％，88％の水準にまで回復し，2023年には2019年の水準を５％上回るとしている（観光庁 2021a）。長期的なトレンドとしては回復・成長が期待されている。

　こうした状況に伴って企業の経営計画も大きな変更を余儀なくされている。以下では大手旅行会社の経営計画の見直しを参照する（**図表８−６**）。いずれの企業も組織再編や計画の前倒し，競争力のある分野への注力などが進められている。

図表８−６　各社中期経営計画の概要

企　業	中 期 経 営 計 画 の 概 要
㈱JTB	昨今の市場環境の急激な変化に対応するため，2020年10月よりスタートした新たな中期経営計画のもと事業構造改革を実施し，顧客の実感価値向上の実現に向けた組織再編を行う。事業戦略の３つの柱を推進する組織として「ツーリズム事業本部」・「地域ソリューション事業部」・「ビジネスソリューション事業本部」，各事業本部と連動して各国・各地域の事業推進を担う組織を「グローバル統括本部」，JTBグループ横断のコーポレート機能群として「事業基盤」を設置しグループ全体で取り組む（JTB2021年２月26日　お客様の実感価値向上を実現するための組織再編についてより引用）。
KNT-CTホールディングス㈱	グループの事業構造を抜本的に見直し，より専門性，収益性の高い分野に経営資源を集中して，再成長に向けた基盤固めを図る。また，積極的なアライアンスを通じてこれまでの事業運営の中で培った当社グループならではの「企画立案力・提案力」「教育機関・法人等への営業網」「アクティブシニアを中心とした会員組織」「全国に広がるサプライヤーネットワーク」等の強みを活かした旅行近接サービスを含む新規事業の開発に取り組む（IR資料室：中期経営計画｜株主・投資家情報｜KNT−CTホールディングス㈱より引用）。

| ㈱日本旅行 | マーケットがコロナ禍以前には戻らないことを前提に，2021～2022年度を構造改革期，2023～2025年度を発展成長期と位置付けるとともに，変化に対応した「抜本的構造改革」（事業構造の改革/ビジネスモデルの変革，運営体制・コスト構造の見直し）の着実な推進により，ウィズコロナでの生き残りとアフターコロナでの持続的成長に取り組む（第21号 2021年3月18日　日本旅行 中期経営計画見直しの方向性についてより引用）。 |

（出所）各社ホームページより作成

　以上のような厳しい状況がある中で，3以降では，それを解決するためにSDGs，人材育成，デジタルの活用などについて，その効果と具体的な対応を見ていこう。

3　SDGs，BCPの効果分析

　以下では，立教大学・JTB総合研究所（2021）を使ってSDGs，BCPの効果について分析している。

（1）SDGsへの取組み状況

　最初に，どのような企業がSDGsについて取り組んでいるのかについて見る。
　図表8－7はSDGsの取組みの程度（Response）に対して，企業のどのような特性が影響を与えているかを見ている（各変数の定義は図表7－5を参照）。
　全産業で見ると，Employee（従業員数），Market（上場の状況），Abroad（海外売上高），BCP（BCP策定状況）がSDGsの取組み度合いに対して有意となっている。SDGsへの取組み度合いが進んでいる企業は従業員数が多く，人的リソースに余裕があることが考えられる。企業の形態としては，上場しているか，上場を検討している企業が多くなっている。上場企業ほどさまざまなステークホルダーとの関係を考慮していることが考えられる。また海外売上高が高い企業は，国際的に認知されているSDGsへの取組みが必然的に求められるものと思われる。BCPへの取組みが進んでいる企業はSDGsへの取組みも進展している。マネジメントの中で共通の部分があることが要因と思われる。一方で，女性役員の比率（Women）は影響を与えていない。
　次に観光産業に限定して見ると，Employee（従業員数），Abroad（海外売上

図表8－7　SDGsの対応に影響を与える企業の特性

	全産業		観光産業	
	係数	t 値	係数	t 値
Employee	0.148	4.180 ***	0.176	2.270 **
Market	−0.204	−2.570 **	−0.260	−0.790
Abroad	0.207	3.690 ***	0.189	2.250 **
ProfitC	0.027	0.540	0.033	0.310
Women	0.016	0.530	0.124	2.110 **
BCP	0.228	7.070 ***	0.300	3.600 ***
_cons	2.122	5.260 ***	2.000	1.440
R^2	0.157		0.151	
N	840		192	

注：全産業は産業要因を考慮
　　*** 1 %，** 5 %，*10%水準で有意な差があった項目
(出所）立教大学・JTB総合研究所（2021）より作成（以下，図表8－8～図表8－13に同じ）

高），BCP（BCP策定状況）が全産業と同様にSDGsの取組み度合いに対してプラスで有意となっている。Market（上場の状況）は有意でない一方で，女性役員の比率（Women）はプラスで有意となった。観光産業においては，女性役員の活用がSDGsに影響を及ぼしている可能性がある。

（2）人材育成投資，IT投資，女性役員の登用への影響

　今後の進むべき方向性について，立教大学・JTB総合研究所（2021）では企業が競争力の源泉として考えていることを聞いているが（**図表8－8**），観光産業は「顧客対応力（全業種50.8%，観光産業60.4%）」が全業種よりも高い一方で，「優秀な人材の確保（全業種22.1%，観光産業13.5%）」，「オンリーワンの技術力（全業種18.2%，観光産業9.9%）」は全業種と比べて低い結果となっている。人材への投資，ITの活用の必要性が示されている。

　さらに人材育成投資，IT投資とSDGsには強い関係が見られる。立教大学・JTB総合研究所（2021）では，人材育成投資の金額を３期前と比較したところ，SDGsについてすでに対応している企業の人材育成への投資が拡大している（**図表8－9**）。社会との関係において自社の方向性を認識している企業は，そのための人材育成投資を進めていると考えられる。

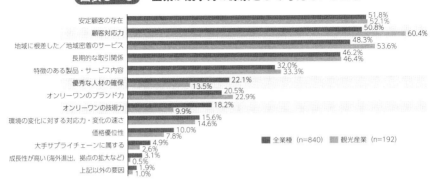

図表8-8　企業が競争力の源泉として考えていること

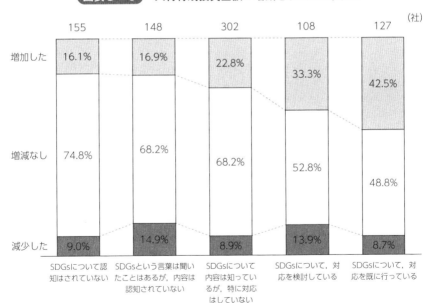

図表8-9　人材育成投資金額の増減とSDGsの取組み

　図表８－10は従業員数（Employee），海外売上高（Abroad），上場の状況（Market）などをコントロールした上で，人材育成投資の３期前との変化（HumanC）とSDGsとの関係を見た分析である（各変数の定義は図表７－５を参照）。Response（SDGsへの取組み度合い）が１％水準で有意となっている。SDGsへの取組みが進んでいる企業は，人材育成投資を増加させていることが見て取れる。SDGsに取り組む企業は，さまざまな社会的課題を解決するために人材育成投資を進めていると解釈できる。

　次に観光産業に限定して見ると，Response（SDGsへの取組み度合い）が全産業と同様プラスで有意となっている。こちらでもSDGsへの取組みが進んでいる企業は，人材育成投資を増加させていることが見て取れる。

図表８－10　人材育成投資とSDGsの関係

	全産業		観光産業	
	係数	t 値	係数	t 値
Employee	0.021	1.230	0.040	1.130
Market	0.061	1.610	0.053	0.360
Abroad	0.069	2.590 **	0.098	2.580 **
ProfitC	0.141	6.030 ***	0.087	1.860 *
Women	0.006	0.420	0.025	0.950
BCP	0.000	−0.010	−0.076	−1.980 **
Response	0.047	2.840 ***	0.071	2.170 **
_cons	1.318	6.810 ***	1.240	2.000 **
R^2	0.071		0.071	
N	840		192	

注：全産業は産業要因を考慮
　　*** 1 ％，** 5 ％，*10％水準で有意な差があった項目

　IT投資に関してもSDGsについてすでに対応している企業では約７割がITの投資を拡大している（**図表８－11**）。SDGsへの認識を高めることで，ITや人材投資への戦略につなげて行く方向性が検討されるべきであろう。

　図表８－12は従業員数（Employee），海外売上高（Abroad），上場の状況（Market）などをコントロールした上で，IT投資の３期前との変化（ITC）とSDGsとの関係を見た分析である（各変数の定義は図表７－５を参照）。Response

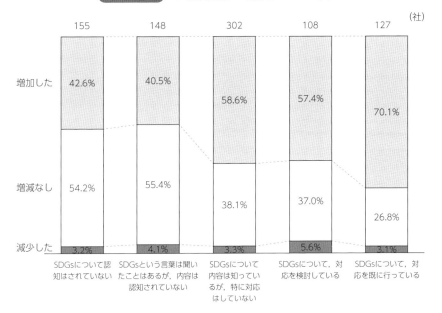

図表8-11　IT投資金額の増減とSDGsの取組み

図表8-12　IT投資とSDGsの関係

	全産業		観光産業	
	係数	t 値	係数	t 値
Employee	0.059	3.500 ***	0.077	2.030 **
Market	0.018	0.490	−0.160	−1.010
Abroad	0.040	1.480	0.072	1.760 *
ProfitC	0.106	4.530 ***	0.008	0.160
Women	0.009	0.650	0.029	1.010
BCP	0.009	0.570	−0.048	−1.150
Response	0.039	2.350 **	0.066	1.850 *
_cons	1.807	9.340 ***	2.507	3.720 ***
R^2	0.066		0.044	
N	840		192	

注：全産業は産業要因を考慮
　　*** 1 %，** 5 %，*10%水準で有意な差があった項目

（SDGsへの取組み度合い）が５％水準で有意となっている。SDGsに取り組む企業は，社会的課題を認識し，そのためのビジネスモデルを変革していく必要から，効率化や新たなビジネスモデルを展開するためのIT・デジタル投資を進めていると解釈できる。

　次に観光産業に限定して見ると，Response（SDGsへの取組み度合い）が10％水準で有意となっている。SDGsへの取組みはIT投資につながる可能性がある。

　図表８−13は従業員数（Employee），海外売上高（Abroad），上場の状況（Market）などをコントロールした上で，女性役員比率の３期前との変化（WomenC）とSDGsとの関係を見た分析である（各変数の定義は図表７−５を参照）。Response（SDGsへの取組み度合い）が10％水準ながら有意となっている。SDGsに取り組む企業では，さまざまな社会的課題を解決するために幅広い意見が重要となり，その一環として女性役員の比率を増加させている可能性がある。

　次に観光産業に限定して見ると，Response（SDGsへの取組み度合い）は有意となっていない。観光産業では女性役員のいっそうの活用というところまでは至っていないようだ。

　以上の結果をまとめると，SDGsへの取組みを進めている企業は人材育成投

図表８−13　女性役員比率とSDGsの関係

	全産業		観光産業	
	係数	t 値	係数	t 値
Employee	0.011	1.050	0.013	0.650
Market	−0.098	−4.340 ***	−0.221	−2.690 ***
Abroad	−0.007	−0.440	−0.005	−0.220
ProfitC	0.005	0.350	−0.015	−0.570
Women	0.034	3.900 ***	0.027	1.840 *
BCP	0.016	1.680 *	−0.007	−0.320
Response	0.018	1.820 *	0.008	0.440
_cons	2.223	19.080 ***	2.802	8.040 ***
R^2	0.067		0.032	
N	840		192	

注：全産業は産業要因を考慮
　　*** 1 ％，** 5 ％，*10％水準で有意な差があった項目

資，IT投資，多様性の確保を進めており，第7章での結果と合わせて考えると，SDGsの取組みは，有事において企業の回復力を高めることに加え，平時における競争力の向上にもつながる可能性が示唆される。

4　地域にこだわって主導権を取り戻そう

2で見てきた観光業の体質を改善する柱の1つとして，ITを活用したデジタル・トランスフォーメーション（DX）があげられる。しかしここでいうDXは，ITを活用した最先端の技術を取り入れて，まったく違った業態を始めようというわけではない。観光庁（2021b）ではDXの取組みとして，経営改善，観光コンテンツ，観光地域づくりの3つをあげている。経営改善については，従来の紙媒体，電話，FAXなどのアナログ的な対応からシステムの導入によって効率化などを図るというものである。新型コロナウイルス感染症に対しては，オンラインツアーの企画やプロモーションへの展開，さらに衛生面からの非接触を中心にしたオペレーションなどの必要性が高まっている。自分たちのビジネスの本質的な価値や本業の範囲を認識し，外部の利用できるサービスを活用して生産性をあげる。さらに自分たちの持つリソースを本業のビジネス継続や展開に利用する。つまりDXの活用によってデータの可視化を図ることにより，効率性をあげることにとどまらず，そのデータを活用して他のビジネスへ展開することも期待できる。

観光コンテンツに関して，観光庁（2017）によれば，出発前に得た旅行情報源としては，個人のブログ30.4％，SNS20.9％の順に多く，自国の親族・知人17.1％，旅行会社ホームページ15.8％を上回っている。観光客の多くがソーシャルメディアを基に観光地を選択している。また，DXを活用したコンテンツの高度化が考えられ，バーチャル・リアリティ（VR）を活用して自社の観光リソースを今までにない形で体験させることや，違った角度から見せることで新たな魅力を発信することが可能となる。

観光地域づくりについては，観光客の位置情報や購買データなどを分析することによって，今までに認識されていなかった需要を把握し，より精度の高いマーケティングが実施できる。観光体験の価格等をリアルタイムで最適化する技術の活用により，混雑平準化，収益力の向上を実現させることができる（九

州運輸局 2021）。

　さらにDXについては，さまざまな社会的な課題の解決につながることが期待される。近年問題となっているオーバーツーリズムの解消にも効果を発揮する可能性がある。高坂（2020）によれば，実証実験に際して開設された「嵐山観光Navi」は，観光客の移動トレンドをAIで分析して日時ごとの混雑状況を予測し，５段階の指標で１時間ごとの観光快適度を示すシステムである。観光客は同ナビ上で訪問先と日程を入力することで，快適に観光できる確率が高い時間帯を確認できた，と報告されている。また，新型コロナウイルス感染症への対応の観点でも，企業が実際のオペレーションの現場でDXを活用することで負担を軽減でき，観光客も事前の情報で混雑している場所を回避することができる。

　立教大学・JTB総合研究所（2021）では，観光のトピックスに対する関心について聞いている（詳細は図表２–13参照）。その中ではリスク・チャンスの認識ともに，地域振興プロジェクトが唯一「関係がある」と回答した企業が過半数を超える結果となった。地域振興というキーワードが今後，リスク・チャンスの両面において大きな要素になっていくことが予想される。

　近時のワークライフバランスの考え方から，リモートワークやワーケーション[1]といった動きが広がっている点も，それぞれの地域の独自性を認め，価値観を高めることにつながるであろう。

　それぞれの地域には必ず歴史，文化をはじめとした固有のストーリーがあるので，その内容を整理し，さらにコンテンツの見せ方として，SDGsの要素を加えることで，商品の魅力を向上させることが考えられる。観光のビジネスモデルの１つとして，地域，SDGs，デジタルの組み合わせに大きなチャンスが存在しており，この３つの要素をビジネスとしてどう組み立てるのかというビジネスデザインが大きな鍵を握っている。

　観光分野では，オンラインでの旅行予約が急拡大しており，今までの業務の流れが大きく変わってきている。観光庁（2021a）では，我が国の旅館では欧州の国々と比較して直販の比率が現状では低く，今後我が国の旅館が直販サイトを構築して消費者と直接つながり，デジタルチャネルを通じた各種のプロモーションで集客能力を高める余地があることが指摘されている。仲介専門会社と連携しつつも，地域，SDGs，デジタルの組み合わせによって自社のコン

テンツを獲得することで競争力を高めることが重要である。

●注

⑴　Work（仕事）とVacation（休暇）を組み合わせた造語。テレワーク等を活用し，リゾート地や温泉地，国立公園等，普段の職場とは異なる場所で余暇を楽しみつつ仕事を行うこと（www.mlit.go.jp/kankocho/workation-bleisure/img/wb_pamphlet_corporate.pdf）。

（参考文献）

Sheffi Yossi（2016）The Power of Resilience: How the Best Companies Manage the Unexpected, The MIT Press.
観光庁（2017）「訪日外国人の消費動向　訪日外国人消費動向調査結果及び分析　平成29年10-12月期 報告書」。
観光庁（2018）「観光白書　平成30年度版」。
観光庁（2021a）「観光白書　令和3年版」。
観光庁（2021b）「令和3年度 観光白書について（概要版）令和3年6月」。
九州運輸局（2021）「観光状況と観光庁の支援事業」。
国土交通省航空局（2012）「航空を取り巻く社会情勢等について（補足資料）平成24年12月」。
財務省（2020）「新型コロナウイルス感染症による 企業活動への影響とその対応」。
高坂晶子（2020）「観光DXの可能性－最先端ICTによる観光ビジネスの革新」『JRIレビュー』11（83）。
立教大学・JTB総合研究所（2021）「観光産業におけるSDGsの取り組み推進に向けた組織・企業団体の状況調査」。

持続可能な社会に貢献する観光へ
－今後の戦略と展望

終章

　サステナブルな社会へと変革していくためにツーリズムがもたらす大切な価値は2つある。

　「非日常での体験を通じた，日常の変革への気づきの提供」と「相互尊重に基づいた対話の継続」である。

1　非日常での学びを日常のライフスタイルの変革へ

　ツーリズムは万人がアクセスできるレジャーである。よって異日常・非日常の世界でのツーリストたちは，日常では生活者でもある。旅をしている人と生活をしている人の違いは何かと考えれば，その地域に拠点があるか，同地域における「見識」「繋がり」「関係性」の深さに他ならない。両者とも人である以上，解決すべき問題は同じだ。それらをともにチカラを合わせて解決することでより良い社会の実現につながる。異日常や非日常の延長線上には必ず日常があり，ツーリズムセクターは日常が進化を遂げる起点に存在していることを常に考えておかねばならない。

　「ツーリズム・イズ・ア・グッドフォース。Tourism is a good force:旅は良きチカラとして人を繋ぎ，観光地をより良い場所へと変容させていく」

　UNWTO前事務局長のタレブ・リファイ氏がよく語っていた言葉だ。13億人（2019年時点）のチカラをどのように「良き力」として結集させ，世の中を良くしていくのか。観光地域を経営する自治体や事業者はそのガイドラインを地域住民と対話を重ね，描き，旅行者に伝え，共に実践をしていかなければならない。異なる価値観を持つ人たちを受け容れるということは，大変な努力を

要するが，それに取り組む町は新しい価値観を取り入れ，多様で強靭な町へと再生していく。

　異日常や非日常での体験やモノガタリは，どんな時代においても旅人から語られる。身近な人に語られて得られた情報は大きな力を持って自身の世界を支配し，変容をもたらす。そしてまた世界へ広がっていく。SDGs達成に向けた取組みを進めていく時代において，ツーリズムの中に散在する地域に根ざしたサステナブルなライフスタイルを組み込むこと。地域は場所に紐づいた観光資源だけでなく，人々のライフスタイルに染みわたったサステナブルな行動様式を深掘りすることで新しい観光素材が生まれてくる。異日常・非日常においてツーリズムを通して新しい価値観や気づき・学びと出逢いがキッカケとなり，日常における人々のライフスタイルの変容を促す。それを体験させることができるのがツーリズムである。

2　相互尊重に基づいた持続的な対話の創出

　相互理解に向けた相手を尊重した姿勢の下，対話が存在しなければ人間社会はあっという間に破たんしてしまう。ツーリズムは地球上の対話を促進する先人が発明したテクノロジー・技術の1つでもある。異なる人々の考え方に耳を傾け，自分たちの考えや技術を新しいものへと改善・変容させていく。何かを見つけようとして，膨大な時間とお金を費やして人は日常から飛び出し，異日常・非日常の世界へ身を委ねる。旅を始めるのだ。

　かく云う筆者も1990年，大学3年生を終えて，1年間世界一周の旅をした。当時，英語圏の文化を理解し，そのライフスタイルを学ぶことが国際人になるという社会の風潮だった。筆者はオタワ（カナダ）に語学留学することにした。当時の筆者は英語圏のライフスタイルでの体験と英語力の磨き上げが自分を変えてくれると信じていた。
　カナダはさまざまな国から移民・難民を受け容れている多様性の高い，多民族国家である。筆者が転がり込んだ寮にはアジア・アフリカをはじめとした多様な人たちが暮らしていた。英語はたまたま皆が使う言葉として決められてい

るだけであり，筆者はミャンマーから亡命している友人と大変親しくなり夜な夜な互いの国のことや人生について語り合った。そうか，英語文化だけが国際人の要素ではないのだ。そんな気づきを得たのがカナダでの生活で学んだことだった。

　91年4月から復学しなければならなかった筆者は，日本に戻ることを決断する。来た道を戻るのではなく，せっかくだからオタワから東に向かって日本へ帰ろう。モントリオールまで陸路で向かい，そこからパリへ飛んだ。ユーレイルパスで1か月ほどフランス・スペイン・ポルトガル・イタリア・オーストリア・ハンガリーを回り，その後シベリア鉄道を経由してソビエト連邦（現在のウクライナ・ロシア）やモンゴル，中国を経由して上海から鑑真号というフェリーで大阪に3か月かけて戻ってきた。

　旅を進める中で，千本ノックよろしく，「あなたは何者か」「日本はどんな所か」という質問を宿や場所が変わる度に受ける中で，自分や家族のこと，自分の生まれた場所や自分の生まれた国について，あまりに無関心で無知な自分に気が付いた。そこで自分に関することや自分の国のことについて英語できちんと説明できるよう勉強をした。加えて旅先で出会った友人のことやその国のことについて知ったかぶりをするのではなく，相手が話すことについて尊重をして受け容れることを学んだ。

　また中国雲南省の瑞麗（ルイリー）というミャンマーとの国境の町を訪れた。英語も通じないこのアジアの町には中国系，ミャンマー系，インド系，タイ系，少数民族といった多様な民族で町は活気に満ち溢れていた。訪れた時期はちょうど春節で，ミャンマー系の若者や漢民族系の若者と筆談やジェスチャーでコミュニケーションを取ったのを今も鮮明に覚えている。英語が通じない世界でも多様な民族が交流し，成り立っている国際都市もあるのだと目の当たりにした。

　自分が何者かをきちんと自分の考えと言葉で伝えることができること，そして対話をする相手が持つ背景となる文化や人生に敬意を払いながら，相手を尊重することができる能力を持つこと。国際都市とはさまざまな価値観を持つ

190

人々や民族が行き交う場所であり，日本を離れる前に私が抱いていた英語圏の都市ではない。ツーリズムは，異なる立場にある人々や，異なる考えを持つ人々を包摂し理解する器量をその人の中に広げ，相互に尊重し合える寛容な社会を築いていく大切な力でもある。これは異なる時空間に存在する人々の持続可能な対話を促す手法としても適用できるのではないだろうか。

3　今後の展望　サステナブル・ツーリズムの実践に向けて

（1）マス・ツーリズムをサステナブルな運営へ

　マス・ツーリズムvsサステナブル・ツーリズムという対立の関係ではない。観光は万人の娯楽でもあり，限られた人のためのものでもない。大手旅行会社や大手宿泊施設や交通機関が果たしてきた観光機会の創出は日本人のライフスタイルに大きく貢献をしてきた。これは今後も次世代に対しても企業が努力をして提供する価値でもある。誰一人取り残さない：SDGsの基本的な考え方に基づいて誰もが観光を楽しめるような世界を維持しながら，これまで私たちが楽しんできた観光体験を次世代も享受できるようにしていくために現在の私たちがサービスの提供や消費スタイルの変革を求められている。日本から遠距離にあるアフリカやヨーロッパに行くことを止めるということではなく，人生の価値観を揺るがす大切な旅行をサステナブルに実施するために，観光業界はサステナビリティ課題に対して真剣に取り組みソリューションを提供していかなければならない。世界的・国民的な人気観光地への訪問ニーズは大きく変わらない。

（2）官民の観光セクターにおけるサステナビリティ推進の取組み

　各省庁において以下のような取組みが進んでいる。今後は省庁横断的にテーマを決め，日本の観光サステナビリティのブランディングを進めていくべきだろう。

> ①　観光庁：持続可能な観光モデル地域事業，JNTO：SDGsへの取組み
> ②　内閣府：観光のSDGs達成貢献への取組みの勉強会の開催
> ③　環境省：松本・上高地・高山を結ぶビッグブリッジ構想
> ④　文化庁：ナイトタイムエコノミーの活性化
> ⑤　農水省：付加価値の高い農山漁村の滞在体験の開発

　民間においては，地域住民，観光事業者，旅行者の３者が関わりながら，①観光地での安定的な雇用の創出と経済循環の創出，②有形無形文化財や自然資源や生態系の保全保護，③交流や対話を通じた相互理解といった視点で地域に貢献できる商品やサービスをサステナブル・ツーリズムとして展開をしていくとよい。実例としては以下のような取組みが考えられる。

> ⓐ　地域の人々や観光事業者が運営する着地型商品（地域課題支援型プログラム）
> ⓑ　民泊商品（地域の民間住宅に旅行者が宿泊する）
> ⓒ　自然地域で専門家と地域を巡るツアー（エコツーリズム，バードウォッチング，動植物観察，等）
> ⓓ　文化・歴史地域で専門家と巡るツアー（考古学・遺跡ツアー，博物館，ガストロノミーや料理，工芸体験や舞台芸能体験）
> ⓔ　身体を動かすアウトドア専門家のツアー（トレッキング，サイクリング，カヌー，キャンプ，ピクニック，バーベキュー）

　また，社会・環境課題に配慮したサービスを提供する施設での滞在や同様な課題に取り組む旅行会社や宿泊施設，観光事業者をお客様（特に企業や学校などの法人）が選定していくことも加速されるだろう。

（3）民間セクターで具体的に何をするべきか

　今の事業の枠組みで考えることと新しい枠組みを創り出すことで１つずつ提案したい。

① 現在のサービスや商品での取組み

　旅行者と事業パートナーの皆さんが共感するサステナビリティへの取組みを応援することだ。連泊プランによるリネン交換やアメニティ供給の無駄を省いたり，地域のお土産物販売コーナーを設置して地産地消を促進したり，環境保全活動を地域で継続的に実施していたりする事業パートナーの商品やサービスをお客様に勧め，販売していく取組みがサステナブル・ツーリズム推進の支援になる。

② サステナブルなライフスタイルの体験を通じた貢献

　日常の生活スタイルと違う生活スタイルを体験や学びを通じて，現在の生活スタイルを振り返り，より良い暮らし方（サステナブルなライフスタイル）への転換を図っていくということだろう。身の回りにある道具を使えば機械に頼らずともできること，季節になったら準備をして仕込めば作れる食材，人から人へと伝承されてきた暮らしの知恵やライフスタイル，生まれてきた命や成長を祝い，先人の成し遂げてきたことや支えに感謝をする行事，その際に奉納される祝いの品や舞踊や歌，振る舞われる食事に込められた想い，温故知新の心持ちで旅・観光を通じて再度地域に伝わる価値を事業者が地域と一緒になって旅行者に提供する。社会をサステナブルなライフスタイルへと変革させていく良い機会となるのではないか。

（4）お客様視点におけるサステナブルな観光体験とは

① 「知る」から「伝える」へ

　サステナビリティを推進する社会において，旅行者の体験を「観る」体験から，地域の大切な文化・自然の資源を「知る」「学ぶ」「守る」「育む」「教える・伝える」という旅行者体験に昇華させていくことを旅行・観光事業者の大きな役割にしていくことが重要だ（図表終−1）。旅行会社が「紹介して単に売る」という組織から「地域に根ざして着地型商品や体験をコーディネートする地域インバウンド事業の主体者」へと，自らの事業ドメインを変革していくことが重要となる。

　現世代から次世代への社会的価値・自然価値の継承や，先人が培ったさまざまな知恵は，実は地方部のライフスタイルにたくさん含まれている。地方部の

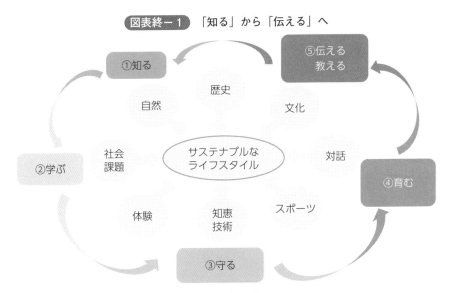

図表終—1　「知る」から「伝える」へ

（出所）㈱JTB総合研究所グローバルマーケティング室作成

農山漁村のライフスタイル体験や民泊等をフィールドとしたサステナブルなライフスタイルの体験は企業や学校，次世代を担う子供たちが楽しく参加できる家族旅行市場などにとって，今後重要な素材として注目され，観光セクターにおいて事業者が連携していくことは大変重要になるだろう。

②　休暇の長期化に向けた取組み

　サステナブルなライフスタイルの実現に向けて取り組むべき大切な取組みとしては家族で長期旅行に行くことができる環境づくりだろう。2～3週間程度のバケーションを夏季・冬季・春季に取得する枠組みを可能とすることで，これまで短距離・短期間で繰り返してきた旅行を，長距離・長期間旅行に変化させ，現在の観光をエネルギーや二酸化炭素排出の観点から，よりサステナブルにすることができる。またワーケーションやブレジャーによる夫婦同伴旅行や家族同伴旅行を可能とすることも，日本の現状を踏まえたサステナブル化の一歩として考えられるのではないだろうか。

（5）サステナブル・ツーリズムの条件の検討と策定

実際，どのような内容が組み込まれていればサステナブル・ツーリズムなのか？　という問い合わせをよく受ける。筆者はいつも，以下2つの視点で答えている。

1）　UNWTOの「持続可能な国際観光年」で取り組むべき5つの分野の基準が2つ以上組み込まれていること。

2）　ネガティブな影響を最小化し，ポジティブな影響を最大化させる取組みが含まれていること。

参考までに5つの分野に沿って，その具体例を以下のとおり示した。

---

① **包括的かつ持続的な経済発展**
- 地産地消の考え方がある。
- 閑散期や未利用時間帯に付加価値を創造し，人流を創出している。
- リピート客や長期滞在の要素がある。
- 地域経済循環率が高い。

② **社会的な関わり，雇用拡大や貧困の撲滅**
- サステナブルなライフスタイルの変革に貢献する体験や情報が提供される。
- 地域施設等の既存ストックを地域社会と協調しながら利活用している。
- 社会的弱者・脆弱層への支援（女性，若者，先住民，LGBTQ）。
- 旅住包摂の考え方がある。
- 地域の課題（地域が困っているコト）の解決に資する。
- 地域の次世代育成や支援に貢献している。
- 産業観光の要素がある。
- 地域雇用，住民生活（生活動線）への貢献と配慮がある。

③ **資源の持続可能な活用，環境保護や気候変動**
- 生態系保全に対する考え方がある。
- 消費・ゴミ（プラスチックや食廃棄）への配慮がある。
- 再生可能エネルギーの利用促進につながっている。
- 資源の観点でサーキュラーエコノミーの考え方がある。
- ハイブリッド車，電気自動車，水素自動車の利用者への優遇がある。

④ **文化的価値，多様性，遺産**
- 地域の人たちが未来に残したい地域の有形無形の自然・文化のストーリーが

ある。
- 地域の有形・無形の文化・自然観光資源の保全，修復の実施。
- 地域の有識者や住民によるインタープリテーションがある。
⑤　**相互理解，平和，安全**
- 地域外や次世代との関係構築を推進している（修学旅行やインバウンド）。
- 金銭的な支援だけでなく当該観光地を旅行者が訪れる参加型である。
- 地域住民との交流。

4　サステナブル・ツーリズムが目指すもの

　最後に，サステナブル・ツーリズムが貢献する領域について，2017年の国連・持続可能な開発のための観光国際年で定義された5つの分野に貢献するツーリズムのあり方を記載しておきたい。

①　**経済**
　誰もが参加可能で地域全体への経済的裨益が持続するようなツーリズム
②　**社会**
　地域内外の社会の絆を創り出し，雇用創出や貧困削減に貢献するツーリズム
③　**環境**
　環境や生物多様性，気候変動に配慮した資源保全・保護を踏まえたツーリズム
④　**文化・多様性・遺産の継承**
　伝統や固有性と多様性の両立を認め合う文化価値を描くツーリズム
⑤　**相互理解**
　交流を通じた平和や安全を支える相互理解に貢献するツーリズム

　誰しもが生まれた場所，育った場所を心の何処かで愛おしく思っている。そこで過ごした経験や交わされた対話の積み重ねが，その人を形づくっている。誰しも記憶に残る美しい景色を心の中に持っている。大好物や誰かと一緒に食べたい美味しい食が必ずある。誰もがその景色や食を分かち合い，そして次の世代に引き継ぎたいと感じている。
　その舞台となる町や景色，音響・照明効果となる流れるせせらぎの音，土地

の音曲や鳥のさえずりや朝焼けに染まる稜線，夕暮れの後に現れる星のきらめき。そして役者となる土地の文化や伝統を愛し，それを次世代に伝えるその土地を愛する人たち。

　ツーリズムとは自然，街並み，食，文化という地域の恵みを，そこに住む人々が美しいストーリーとして紡ぐ地球を舞台とした総合芸術といえる。地球を舞台に，次の世代もこの素晴らしい芸術作品が楽しめるよう，私たちは今，何をすべきか。SDGs達成の2030年にむけて，改めて読者の皆さんと一緒に考えていきたい。

索　引

198

■編著者紹介

野田　健太郎（のだ　けんたろう）　担当：序章・第7章・第8章

立教大学大学院ビジネスデザイン研究科・観光学部教授　博士（商学）

一橋大学大学院商学研究科博士後期課程修了。日本政策投資銀行を経て現職。2020年〜2021年University of California, Berkeley客員研究員。専門は財務会計，企業の社会的責任（CSR），事業継続計画（BCP）。内閣府政府業務継続に関する評価等有識者会議委員などを歴任。主な著書に『事業継続計画による企業分析』（中央経済社，2013年），『戦略的リスクマネジメントで会社を強くする』（中央経済社，2017年）などがある。

熊田　順一（Jack KUMADA くまだ じゅんいち）　担当：第1章・第2章・第5章・終章

㈱JTB総合研究所グローバルマーケティング室室長・主席研究員

明治大学商学部産業経営学科卒業。㈱JTB入社後，訪日インバウンド旅行や海外旅行に関する業務従事を経て2014年〜2017年UNWTO（United Nations World Tourism Organization: 国連世界観光機関）本部の初の日本人正職員として勤務。アジア太平洋地域のUNWTO加盟国30カ国の政府・自治体・企業と協働し，国際観光関連プロジェクトに取り組む。世界旅行ツーリズム協議会アジア太平洋副会長付アドバイザー。一般社団法人日本サステナブルツーリズムイニシアティブ事務局長。APTECサステイナブルツーリズムセンター委員。

■著者紹介

橋本　俊哉（はしもと　としや）　担当：第3章

立教大学観光学部教授　博士（工学）

立教大学大学院社会学研究科博士前期課程，東京工業大学大学院理工学研究科博士後期課程修了。立教大学社会学部着任後，1998年観光学部設置に伴い移籍，2003年より現職。専門は観光行動論。国土交通省，厚生労働省，観光庁，東京都などの観光関連事業委員を歴任。日本観光研究学会会長。主な著書に『観光回遊論』（単著，風間書房，1997年），『観光行動論』（編著，原書房，2013年），『「復興のエンジン」としての観光』（編著，創成社，2021年）などがある。

西川　亮（にしかわ　りょう）　担当：第4章

立教大学観光学部准教授　博士（工学）

東京大学大学院工学系研究科都市工学専攻博士課程修了。（公財）日本交通公社研究員，立教大学観光学部助教を経て現職。専門は都市計画，観光まちづくり，観光政策。主な著書に『観光地経営の視点と実践』（共著，丸善出版，2013年/2019年），『ポスト・オーバーツーリズム』（共著，学芸出版社，2020年）などがある。

麻生　憲一（あそう　けんいち）　**担当**：第6章

帝京大学経済学部教授・奈良県立大学名誉教授

大阪市立大学大学院経済学研究科修了。奈良県立大学地域創造学部教授，立教大学観光学部教授を経て現職。専門は観光経済学，地域経済論，応用ミクロ理論，計量経済学。内閣府SDGs官民連携プラットフォーム分科会コーディネーターなどを歴任。主な著書に『地域創造への招待』（共著，晃洋書房，2003年），『公共インフラと地域振興』（共著，中央経済社，2015年）などがある。

観光産業のグレート・リセット
──成長をどうデザインするか

2022年11月10日　第1版第1刷発行

編著者　野　田　健太郎
　　　　熊　田　順　一
発行者　山　本　　　継
発行所　㈱中　央　経　済　社
発売元　㈱中央経済グループ
　　　　パ ブ リ ッ シ ン グ

〒101-0051　東京都千代田区神田神保町1-31-2
電話　03 (3293) 3371（編集代表）
　　　03 (3293) 3381（営業代表）
https://www.chuokeizai.co.jp
印刷／東光整版印刷㈱
製本／侑井上製本所

© 2022
Printed in Japan

＊頁の「欠落」や「順序違い」などがありましたらお取り替えいた
しますので発売元までご送付ください。（送料小社負担）
ISBN978-4-502-44381-7　C3034